EL MILAGRO DE LA VIDA

Robert G. Wells y Ken Gire;
Mary C. Wells y Judy Gire

DEDICADOS A LA EXCELENCIA

La misión de Editorial Vida es proporcionar los recursos necesarios a fin de alcanzar a las personas para Jesucristo y ayudarlas a crecer en su fe.

ISBN 0-8297-1983-0
Categoría: Vida cristiana

Este libro fue publicado en inglés con el título
Miracle of Life
por Zondervan Publishing House

© 1993 por Robert G. Wells y Ken Gire

Traducido por Carmina Pérez

Edición en idioma español
©1995 EDITORIAL VIDA
Miami, Florida 33166

Printed in the United States of America

06 07 08 09 * 10 9

Índice

Introducción 5
Semanas 1 a la 7 8
Semana 8 14
Semana 9 17
Semana 10 21
Semana 11 25
Semana 12 28
Semana 13 31
Semana 14 34
Semana 15 38
Semana 16 42
Semana 17 46
Semana 18 50
Semana 19 53
Semana 20 57
Semana 21 61
Semana 22 65
Semana 23 68
Semana 24 71
Semana 25 74
Semana 26 77
Semana 27 81
Semana 28 85
Semana 29 87
Semana 30 91
Semana 31 94
Semana 32 97
Semana 33 100
Semana 34 104
Semana 35 107
Semana 36 110
Semana 37 113
Semana 38 116
Semana 39 120
Semana 40 124

A todas mis pacientes de obstetricia quienes por años me han concedido un privilegio incomparable: compartir con ellas una de las experiencias más jubilosas de la vida: el nacimiento de sus hijos.
Dr. Robert G. Wells

A mi madre Lois y mi abuela Lydia . . .. porque oraron.
Ken Gire

Un agradecimiento especial a Wendy Peterson por su ayuda en la investigación y por su contribución creativa en el proyecto.
Todos los autores.

Introducción

Fue San Agustín el que dijo: "No tomamos en cuenta los milagros lentos mediante los cuales, con el paso de cada año, el agua que riega la viña se convierte en vino; nos quedamos pasmados cuando el mismo proceso tiene lugar en forma rápida en Caná de Galilea."

Lo que está ocurriendo en la viña bien regada de tu vientre es un milagro, pero ocurre tan lentamente que no lo tomamos en cuenta. Después de todo, nueve meses es mucho tiempo para esperar un milagro.

Durante esos nueve meses, Dios no sólo está preparando un bebé para los padres, está preparando los padres para un bebé. Hay que ordenar muchas cosas para acomodar esa nueva vida; no para darle lugar simplemente en el hogar, sino para darle lugar en sus corazones.

Y para eso hace falta tiempo.

Dios hubiera podido ejecutar este milagro en "cámara rápida" y hubiera enloquecido a todo el mundo; pero escogió hacerlo lentamente, satisfecho con enloquecerte sólo a ti.

Desde luego, algo de la rebosante maravilla se derramará sobre tu esposo, así como la maravilla de María se derramó sobre José. Pero fue ella quien sintió dentro de sí las palpitaciones del niño Jesús, fue ella la que nutrió la frágil vida, fue ella la que meditaba el milagro en su corazón. A José sólo le fue concedido sentir los movimientos del niño desde afuera, sólo nutrir a la madre del niño, sólo ser comadrón del milagro.

Durante nueve meses tu esposo conocerá a este niño de lejos, pero tú lo conocerás desde lo más profundo de tu ser. Porque dentro de ti vivirá, se moverá y crecerá. Lo que tú comas, él comerá. Donde tú vayas, él irá. Durante nueve meses tú serás una con este milagro.

Mientras el milagro crece, indudablemente tendrás preocupaciones acerca de su desarrollo. Para abordar algunas de tus preocupaciones físicas hemos incluido un informe del progreso semanal que te ayudará a entender lo que está ocurriendo dentro de tu vientre. Para abordar algunas de tus preocupaciones espirituales hemos provisto una sección devocional que consiste en un pasaje de la Escritura o en una cita, seguida de una oración.

"Hay más cosas forjadas por la oración de las que este mundo puede imaginar", escribió el poeta Tennyson. No hay tarea más importante a la que pudieras dedicarte que a orar por tu niño que va a nacer. Las investigaciones recientes indican que mucho antes de nacer, el niño siente si es deseado o no. ¿Y qué mejor manera existe de comunicar tu anhelo por ese niño que orando sin cesar por él? Mientras lo haces, notarás que las oraciones en este libro están inconclusas. Esto es porque son sencillamente una ayuda para iniciarte en oraciones más específicas de tu propia inspiración.

Después de cada oración hay una sección donde puedes escribir un diario con algunos de tus propios pensamientos, sentimientos y oraciones. Esta sección será un registro escrito de tu embarazo para que más adelante lo puedas tomar del estante, desempolvar sus páginas y revivir algunos de los recuerdos. Algún día querrás contarle esos recuerdos a tu hijo. El compartir tus pensamientos durante el embarazo y los detalles del nacimiento es una manera importante de comunicarle a tu hijo que fue deseado y bienvenido al mundo como un ser humano especial. Y algún día, cuando tu hijo crezca, se case y tenga su propio milagro, querrás pasarle este libro como un recuerdo.

¿Será tu hijo un niño descalzo, con pantalones de dril y con el béisbol en su mente? ¿O será una niña con las mejillas rosadas y con una mente llena de fantasías, vestidos elegantes y reuniones sociales en el jardín?

Ya que hasta este momento solamente Dios lo sabe, pensamos que sería conveniente alternar el sexo a través del libro para que las oraciones sean más personales. En caso de que sepas cuál es el sexo de tu bebé en el transcurso de tu embarazo, simplemente haz la transición en tu mente mientras lees y oras.

Y ya que habrías consultado un libro como éste sólo después de saber que estás embarazada, hemos resumido lo que ha tenido lugar dentro de ti hasta ese momento. Después, seguiremos tu embarazo semana por semana.

Las semanas deben coincidir con los cálculos del médico para saber en qué semana estás. Hay dos maneras de determinar esto. Una es el tiempo de la gestación; la otra es el tiempo de la fecundación. El tiempo de la gestación comienza en el momento de tu última menstruación; el tiempo de la fecundación comienza con la concepción; cuando el espermatozoide entra en el óvulo, que es alrededor de dos semanas después.

La mayoría de los médicos fechan el embarazo por el tiempo de la gestación. La razón es sencilla. Generalmente las mujeres no saben cuándo han concebido, pero sí saben la fecha en que tuvieron su última menstruación. Por cuanto el embarazo dura alrededor de doscientos ochenta días o cuarenta semanas desde la última menstruación de una mujer, ésta se ha convertido en una manera bastante común de determinar la fecha del parto.

He aquí, herencia de Jehová son los hijos;
cosa de estima el fruto del vientre

Salmo 127:3

Semanas 1 a la 7

A sí que acabas de regresar de la consulta del médico donde tus sospechas han sido confirmadas. ¡Estás embarazada! ¡Felicidades! Las náuseas, los pechos blandos, el cansancio, esos cambios de ánimo inesperados, después de todo, no era imaginación tuya. Ya que debes de haber tenido aproximadamente unas siete semanas de embarazo cuando fuiste a ver a tu médico, debes de estar preguntándote qué ha estado sucediendo dentro de ti durante todo ese tiempo. Bien, todo comenzó dos semanas después de tu última menstruación. Ese fue el tiempo en que ovulaste, cuando un huevo maduro que se llama óvulo salió repentinamente desde tu ovario. En ese momento el óvulo era más pequeño que el punto de la i.

Ese óvulo apenas visible comenzó entonces a navegar a través de una de las trompas de Falopio, que son los tubos de doce centímetros que unen tus ovarios con el útero. Las trompas de Falopio están forradas con miles de filamentos, algo así como el alga marina que cubre el fondo del océano, los cuales impulsan lentamente al óvulo a lo largo de su viaje.

Mientras tú y tu esposo permanecían uno en brazos del otro, alrededor de unos quinientos millones de sus espermatozoides estaban hirviendo dentro de tu vagina en una búsqueda frenética por ese óvulo. Teniendo la forma de renacuajos microscópicos, los espermatozoides golpean sus colas como látigos, retorciéndose a través de la pequeña abertura en la parte más baja de tu útero, que se llama cuello o cerviz. Desde allí serpentearon, corriente arriba, para entrar en la cavidad uterina y dirigirse hacia todos los pliegues y cavidades de las trompas de Falopio. Para cuando alcanzan el óvulo, sólo unos cuantos centenares sobrevivieron a la rigurosa corriente.

Cuando el primer espermatozoide localizó el óvulo, se introdujo precipitadamente en él. Entonces la composición química de las paredes del óvulo cambiaron, endureciéndose para impedir que otros entraran. Una vez adentro, el espermatozoide ganador soltó la cola y enterró su cabeza más profundamente en el huevo, donde unió su núcleo con el núcleo del óvulo.

En ese momento comenzó el milagro de la vida. Veintitrés cromosomas del espermatozcide de tu esposo se fusionaron con veintitrés cromosomas de tu óvulo para formar el plan genético exclusivo de tu bebé. Si será un niño o una niña, de alta o baja estatura, si tendrá tus ojos o la sonrisa de tu esposo o los hoyuelos de la abuela, está todo determinado por los genes en esa dote de cuarenta y seis cromosomas.

A medida que las células se dividían, continuaron nadando corriente abajo a través de las trompas de Falopio hasta que, alrededor del cuarto día después de la fecundación, por fin llegaron al útero. Durante un par de días, este conglomerado de células parecido a una frambuesa flotó allí en los líquidos nutritivos. Después anidó en el revestimiento interior esponjoso y grueso de las paredes uterinas. Unos días después hundió sus raíces y comenzó a extraer su nutrición de los vasos sanguíneos en el revestimiento interior del útero.

Durante la cuarta semana de la gestación (dos semanas después de la fecundación), las células en el conglomerado formaron una serie de capas individuales. Después un conjunto de células formaron una burbuja de un líquido salobre llamado el saco amniótico, que encierra las células germinales para acolchonarlas. Otro conjunto de células se convirtieron en el saco vitelino que producirá la sangre para el naciente embrión. También otro conjunto creció para llegar a ser la placenta, que con sus deshilachadas hebras de carne está entretejiendo a tu bebé con tu cuerpo. Cada latido de tu corazón bombea sangre a la placenta a través del cordón umbilical y hacia la corriente sanguínea de tu bebé, alimentándolo con oxígeno y sustancias nutritivas.

Hacia la quinta semana de gestación, el corazón rudimentario de tu bebé comenzó a latir, alrededor del tiempo en que probablemente comenzaste a sospechar que estabas embarazada. Tu menstruación estaba atrasada. Tus pechos se estaban agrandando. Tu vejiga se estaba empequeñeciendo. Y estabas muy cansada. Muy, muy cansada.

A las seis semanas, tu bebé se ha convertido de una sola célula en un embrión, diez mil veces más grande que el óvulo fecundado, más o menos del tamaño de una semilla de manzana.

El corazón bombea sangre recién formada a través del bebé al ritmo de sesenta y cinco latidos por minuto; el mismo corazón que un día latirá apresuradamente en la mañana de Navidad, se desconsolará a la hora de ir a acostarse, y se quebrantará después de un romance veraniego. A la séptima semana, el embrión ha retoñado con brazos y piernas rudimentarios, los cuales tienen salientes, indicando donde van a estar los dedos. Desde la sexta hasta la séptima semana, el embrión ha crecido del tamaño de una semilla de manzana al tamaño de un frijol. Ya tiene las ventanas de la nariz, los labios, la lengua, y hasta las protuberancias donde un día crecerán los dientes.

Asombroso, ¿verdad? Todo ese crecimiento y desarrollo en sólo siete cortas semanas.

¡No es de extrañarse que has estado muy cansada!

He estado esperándote
Ahora ya no me pregunto más
si este milagro de la vida
alguna vez sucedería dentro de mí.
Ahora puedo preguntarme acerca de ti
¿Qué hilos de colores
estará empleando Él para entretejerte?
¿Ojos pardos o azules?
¿Te gustará nadar o dibujar?
¿Hornear pan o diseñar edificios?
¿Echarás tu cabeza hacia atrás
y te reirás con fuerza
o solamente sonreirás?
No sé
No sé
Pero sé que me encantará
oírte decir mi nombre.
Me encantará sentir tu mano pequeñita

en la mía.
Me encantará mirar tu barriguita
subir y bajar en dulce sueño.
Y yo sé que algunas veces me aborrecerás
Otras veces te encogerás cuando te toque
Algunas veces tu respiración afiebrada
estremecerá mi alma
en la oscuridad de la noche.
Pero hasta entonces,
por favor, bebé, crece fuerte.
Toma todo lo que puedas de mí, por favor.
Hasta entonces
estaré esperándote.

Julie Martin, en *A Time To Be Born*

❦ Amado Señor ❦

Esta es una oración distinta a todas las oraciones que siempre he hecho. Una vida está creciendo dentro de mí, una vida que el mundo nunca antes ha visto y nunca verá otra vez. Una vida sagrada.

Muchas gracias por permitirme compartir este milagro. El solo pensamiento me llena de gozo y asombro. Me siento empequeñecida por el honor, y me siento sumamente bendecida.

Pero también me siento incapaz. Hay muchas cosas que tienen que suceder en mi vida antes que llegue a ser la madre que este niño merece.

Fortalece mis brazos para que puedan albergar a este pequeño de las tormentas de la vida. Suaviza mis manos para que puedan traer consuelo en los rechazos de la vida. Ensancha mis hombros para que pueda subirse a ellos cuando se sienta con deseos de jugar. Agranda mi corazón para que pueda regocijarme con él en sus triunfos y llorar con él en sus derrotas.

Me dedico a este niño todos los días de mi vida. Por favor, toma de mí para proveer para su nutrición. Por favor, vigila la formación de cada célula y tráele a este mundo completo y saludable.

Te dedico este niño, Señor. Me consuela saber que tú eres

su verdadero padre y yo, solamente su guardiana. Ayúdame a cuidarlo y a guiarlo bien.

Guíame a mí también, Señor, porque esos pequeños pies seguirán mis pasos. Guía mis ojos a mirar hacia ti para que me muestres el camino y me des la pauta a seguir.

Dame la gracia para ser paciente mientras este milagro de la vida se desarrolla dentro de mí y dame la perseverancia para orar; así podré jugar un papel aún mayor en su desarrollo . . .

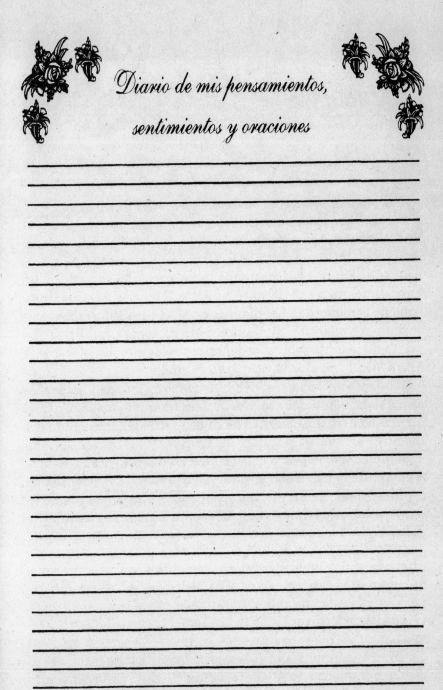

Diario de mis pensamientos,

sentimientos y oraciones

Semana 8

*C*omo un pedazo de barro en las manos de un gran escultor, los rasgos de tu bebé están comenzando a tomar forma. Cada curva, cada hendidura, está siendo moldeada por el mismo artista que formó el universo. Aunque el pequeño ser que está formando tiene apenas el tamaño de un haba lima, ya tiene detalles precisos. Los ojos oscuros de tu bebé no son más que hendiduras en su cráneo, sin embargo ya se han formado los diminutos párpados para cubrirlos. La punta de la nariz sobresale del rostro en desarrollo y las orejas están siendo moldeadas con gran cuidado.

Un poco más abajo, el débil comienzo de las costillas parece como si la mano del escultor hubiera rozado suavemente el torso del barro. Las piernas de tu bebé se están alargando por medio de los suaves estirones del Creador y sus brazos se están doblando hacia el pecho como si fueran a proteger su corazón. A través de la piel transparente se vislumbra tenuemente una espina dorsal, que crece tan rápido que hace que el bebé se encorve hacia adelante. Los codos que un día se rasguñarán jugando en el parque están siendo formados sin la menor imperfección. Las rodillas que un día se pelarán en la acera están siendo redondeadas tan suavemente como la terminación de una muñeca de porcelana. Los dedos de las manos y de los pies, que la semana pasada eran sólo protuberancias, ahora están siendo formados muy delicadamente como flores de cerámica.

Internamente, los órganos principales están todos en su lugar, aunque no totalmente desarrollados. El órgano más desarrollado es el corazón del bebé, que late de ciento cuarenta a ciento cincuenta veces por minuto — dos veces más rápido que el tuyo — manteniendo a tu bebé húmedo y flexible.

Este pequeño pedazo de barro es la obra maestra de Dios, su gran obra de arte, formada a su imagen, conforme a su semejanza. Y Él ha escogido tu vientre como su taller.

Antes que te formase en el vientre te conocí,
y antes que nacieses te santifiqué.

Jeremías 1:5

❧ *Amado Señor* ❧

Te doy gracias por la manera en que tú estás formando las articulaciones de mi bebé, moldeando su rostro, alisando su piel. Me maravillo por la forma en que trabajas, muy paciente en tu capacidad artística, muy esmerado en tu atención a los detalles. Envuelto dentro de los pliegues de mi vientre yace una bebita que no he visto, ni he oído, ni he tocado; sin embargo deseo conocerle. En mi deseo, ayúdame a darme cuenta de que tú la deseas también; que tú eres el primero que la conociste, el primero que la amaste. Ella fue concebida en tu mente antes que fuera concebida en mi cuerpo; fue separada no para cumplir mi voluntad sino la tuya.

Ayúdala a crecer dócil a tu voluntad Señor, sensible a cada toque de tu mano sobre su vida. Moldea dentro de ella un espíritu muy sensible a las cosas espirituales que pueda sentir tu respiración cuando susurres a su conciencia, sentir tu sombra cuando te mueves a través de las circunstancias de su vida.

Utiliza esta pequeña vida para moldearme, Señor. Usa sus deditos aferrados para hacerme más tierna y su sonrisa repentina para hacerme más alegre. Usa sus innumerables desparramos para hacerme más paciente y sus llantos inconsolables para hacerme más compasiva. Utilízala para moldearme no sólo para ser más madre, sino para ser más humana . . .

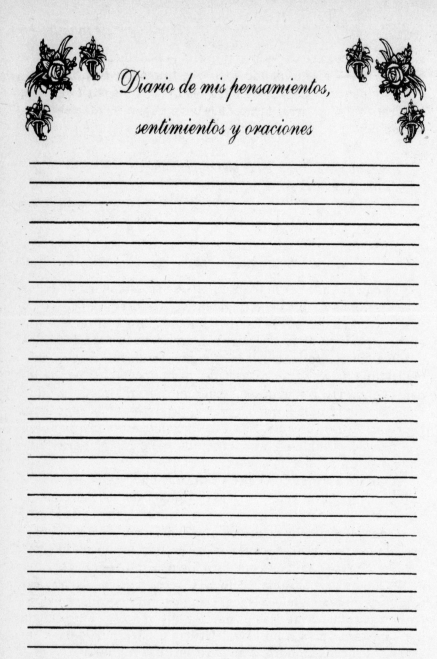

Diario de mis pensamientos, sentimientos y oraciones

Semana 9

Tu bebé es ahora del tamaño de una uva y está en la última etapa de su desarrollo embrionario, que dura desde la quinta semana hasta la décima semana. Este es un tiempo crítico porque el embrión es especialmente sensible. Si ingieres sustancias tóxicas, tales como drogas y alcohol, pueden tener un efecto particularmente perjudicial en tu bebé durante este tiempo. Las enfermedades tales como la rubeola, pueden causar defectos anatómicos en los órganos del bebé, problemas en el corazón, sordera, hasta cataratas. Una radiografía sin protector puede causarle daños al cerebro. Puede ser que ya estés sintiendo algunos temores acerca de estas cosas; temores que hasta vacilas en pensar, mucho menos expresar. ¿Es mi bebé saludable? ¿Será normal? ¿Tendrá todos sus brazos y sus piernas? ¿Estará mentalmente bien? ¿Será prematuro y tendrá que pasar los primeros meses en una incubadora? ¿Estará obligado a vivir con alguna enfermedad que yo hubiera podido evitar? Esos temores son completamente naturales; todas las mujeres los experimentan en algún momento durante su embarazo. Pero, en realidad, solamente un tres por ciento de los bebés nacen con defectos grandes. Y muchos de ellos hubieran podido evitarse con un cuidado prenatal adecuado. Así que, aunque debes ser cuidadosa durante esta etapa en el desarrollo de tu bebé, no tienes que estar llena de temor, siempre y cuando estés bajo el cuidado de un médico competente y estés obedeciendo su consejo.

Una razón que aquieta esos temores es el papel estratégico que juega la placenta en la protección de tu bebé. La placenta encierra el embrión y lo afianza en tu útero, donde los pequeñísimos vasos sanguíneos tanto tuyos como del bebé se entretejen. Como resultado, el oxígeno y las sustancias nutritivas se traspasan a tu bebé, mientras que las sustancias dañinas se quedan fuera, más o menos como un filtro de café, que permite pasar el agua pero no los granos. Algunos medicamentos, sin embargo, pueden pasar a través de la placenta y perjudicar a tu bebé. Por eso es muy importante informarle a tu médico de cualquier medicamento que estés tomando. Mientras el corazón de tu bebé late, los productos residuales de su sangre pasan a tu corriente sanguínea para su eliminación. De esta manera, la placenta permite que tu bebé sea alimentado y limpiado al mismo tiempo, aunque mantiene tu corriente sanguínea separada de la del bebé. Son tan distintas que hasta pueden tener grupos sanguíneos completamente diferentes.

Otra función de la placenta es pasar anticuerpos a tu bebé. Esto le provee con cierto nivel de inmunidad hasta que empieza a producir sus propios anticuerpos, alrededor de seis meses después que ha nacido.

Con la formación de la placenta, Dios ha puesto su mano alrededor de tu pequeño para que sea acolchonado, alimentado, limpiado y protegido de enfermedad e infección. Así que no te sientas mal acerca de tus temores; pero no permitas que te obsesionen. Y no permitas que eclipsen a Aquel que ha provisto este refugio permanente para la protección de tu bebé.

Dios es nuestro amparo y fortaleza, nuestro pronto auxilio en las tribulaciones. Por tanto, no temeremos,
aunque la tierra sea removida, y se traspasen los montes al corazón del mar Aunque bramen y se turben sus aguas, y tiemblen los montes a causa de su braveza . . .
Jehová de los ejércitos está con nosotros, nuestro refugio es el Dios de Jacob . . .
Estad quietos, y conoced que yo soy Dios.

Salmo 46:1-3, 7, 10

❧ *Amado Señor* ❧

Por favor, vigila a mi bebé. Es muy pequeño e indefenso, especialmente en este tiempo crítico de su desarrollo. Consérvalo seguro, tibio y bien alimentado. Líbralo de enfermedad, de deformación y de incapacidad.

Te pido que sea un bebé fuerte, Señor. Un bebé fuerte y saludable. Un bebé que pueda oír canciones de cuna y ver las ilustraciones en los libros de cuentos. Un bebé que pueda crecer para correr y perseguir perritos y jugar a los escondidos con los niños del vecindario.

Te pido esto como madre, Señor, y en nombre de alguien demasiado pequeño y demasiado débil para pedir por sí mismo.

Tú que eras amigo de los débiles, por favor, sé amigo de mi bebé durante este tiempo crítico. Tú que eras tan tierno con los niños, por favor, sé tierno con este hijo mío. Tú que no quebrarás la caña cascada ni apagarás el pabilo que humea, por favor protege esta pequeña y frágil vida que se mueve dentro de mí.

Y cuando los temores traten de vencerme, ayúdame a estar quieta y saber que tú eres Dios: mi refugio, mi fortaleza, mi pronto auxilio en el problema . . .

Diario de mis pensamientos, sentimientos y oraciones

Semana 10

A la décima semana tu útero está del tamaño de un melocotón; y tu bebé, del tamaño de un pequeño albaricoque.

Esta es una semana importante, que señala la transición de tu bebé de ser un embrión (literalmente: "uno que hierve con vida adentro") a un feto (literalmente: "el pequeño"). El período fetal es un tiempo de crecimiento rápido. Es también el tiempo en que aparecen por primera vez las células óseas, una señal natural que indica que la estructura interna de tu bebé está toda en su lugar. Un corazón que late. Un cerebro que funciona. Dos riñones. Estómago. Intestinos. Páncreas. Hígado. Todos los órganos están ahí, esperando un esqueleto más permanente para cubrirlos. Aunque la estructura esquelética de tu bebé estaba completa en la octava semana, estaba hecha totalmente de cartílago, lo mismo que constituye tus orejas y la punta de tu nariz. Esta semana el cartílago flexible está siendo reemplazado por hueso para crear una armadura más fuerte y más protectora para tu bebé. La mandíbula, los hombros, los brazos y las piernas de tu bebé están atravesando la transformación mágica. Pero aunque sabemos algo de la mecánica del proceso, la mayor parte permanece envuelto en el misterio.

Increíblemente, en sólo cincuenta días más o menos tu bebé se ha convertido de una sola célula en millones de células, todas ellas programadas para tareas especializadas y altamente complejas.

A las tres semanas después de la concepción, dos tubos latentes se unieron para formar un corazón. ¿Qué mensaje secreto fue escrito dentro de sus genes para decirles qué hacer, cómo hacerlo y cuándo?

Al mismo tiempo una compleja red de nervios surgieron para integrar y coordinar todas las funciones corporales. ¿Cómo supieron ellos dónde poner las líneas, dónde conectarlas y cómo?

Un corto tiempo después, una cabeza sobresalió de la nada para albergar ese sistema central de comando. Los brazos y las piernas aparecieron, como si repentinamente les hubieran ordenado que existieran. Órganos, codos y ojos, todos aparecieron como si la creación estuviera siendo repetida dentro de ti. ¿Qué palabra hizo que las células llegaran a existir? ¿Qué mandato las separó?

¡Qué misterio se cierne en las ocultas y primordiales aguas de tu vientre!

Como tú no sabes cuál es el camino del viento,
o cómo crecen los huesos en el vientre de la mujer encinta,
así ignoras la obra de Dios, el cual hace todas las cosas.

Eclesiastés 11:5

❦ *Amado Señor* ❦

Lo que está sucediendo dentro de mí es un misterio. Estoy admirada de cómo cada célula responde a sus instrucciones genéticas. Un gene le dice a una célula: "Haz un corazón"; y hace un corazón. Otro gene le dice a otra célula: "Haz un hueso"; y lo hace. Es un misterio para mí cómo esos genes dan órdenes, e igualmente misterioso cómo las células los obedecen.

Ayúdame a obedecerte así, Señor. Ayúdame a ser muy obediente a tu Palabra como esas células lo son a la información codificada en esos genes.

Ayúdame a darme cuenta de que así como esas células están codificadas genéticamente para producir un ser humano, así yo he sido codificada genéticamente por mi nuevo nacimiento para ser más semejante a la imagen de tu Hijo.

Así como no sé cómo mi hija está siendo formada dentro de mi cuerpo, así no puedo entender cómo tu Hijo está siendo formado en mi alma. Pero te doy gracias que yo también soy hechura tuya y que tú, el Hacedor de todas las cosas, lo estás formando dentro de mí.

Moldéame a su imagen, Señor, para que cuando arrulle a mi bebé en mis brazos ella pueda ver algo de los ojos de Jesús cuando la mire, escuchar algo de su voz cuando le hable y sentir algo de su ternura cuando la tenga en mis brazos.

Y mientras ella crece, que pueda ver en mí un vislumbre de su amor, su comprensión, su ternura. Ayúdame a llegar a ser tan semejante a Cristo que ella sea atraída naturalmente hacia Él, atraída a conocerle, a amarle, a confiar en Él, a obedecerle.

¡Qué esperanza gloriosa has puesto en mi corazón — Cristo en mí —, un misterio aún más solemne que el que está en mi vientre! Te ruego que algún día pongas este mismo misterio dentro del corazón de mi hija para que ella pueda mostrar a Jesucristo a su pequeño hijo . . .

Diario de mis pensamientos, sentimientos y oraciones

Semana 11

Tú bebé ha crecido ahora a cinco centímetros de largo. Su cabeza, que constituye la mitad del tamaño de tu bebé, está sostenida por un cuello delgado, el cual es suficientemente fuerte para levantar la barbilla del pecho. Dentro de ese cuello en desarrollo están las cuerdas vocales, preparándose para ese primer llanto tembloroso en el momento del nacimiento. Si pudieras retirar las cubiertas y atisbar dentro de la acolchonada oscuridad de tu vientre, podrías ver los órganos genitales externos retoñando entre las piernas de tu bebé. También podrías notar a tu bebé inhalando y exhalando, tragando sorbos de líquido amniótico. Pensarías que pudiera ahogarse con todo ese líquido que baja por su garganta hacia sus pulmones rudimentarios, pero recuerda que tu bebé obtiene su oxígeno no de la respiración, sino de la sangre que circula a través del cordón umbilical.

En las próximas tres semanas, la longitud de tu bebé se duplicará, porque su tronco y sus extremidades pasarán por un aumento repentino de crecimiento para alcanzar a la cabeza todavía desproporcionadamente grande. Con sólo siete meses para el parto, tu bebé aún tiene mucho trabajo que hacer antes de salir de la suave cuna dentro de tu vientre hacia la habitación que le estás preparando en tu hogar.

Así que espera que tu cintura se ensanche un poco más y que te sientas mucho más cansada.

Los padres están a menudo tan ocupados con la crianza física de sus hijos que pierden la gloria de la maternidad, así como la magnificencia de los árboles se pierde cuando se están barriendo las hojas.

Marcelene Cox

❦ Amado Señor ❦

A veces parece que es demasiado lo que se necesita para que todo esté listo cuando el niño llegue. Tanto que planear y preparar. Ordenar su habitación. Acomodar los muebles. Y quiero hacer una buena limpieza en la casa, porque yo sé que no habrá tiempo para esto después que el bebé llegue.

Pero, Señor, continúo estando muy cansada. ¿Estaré tan cansada después que el bebé nazca? ¿Tendré suficiente energía para hacer todo lo que una madre tiene que hacer? ¿Lavar toda la ropa que hay que lavar, cocinar todo lo que hay que cocinar, limpiar todo lo que hay que limpiar? Y aparte de todas estas necesidades domésticas, Señor, ¿qué decir acerca de las necesidades de mi bebé? ¿Tendré suficiente energía para leerle todos los libros de cuentos que desee, responder a todas sus preguntas, jugar todos los juegos que quiera jugar?

No permitas que todo lo que hay que hacer me abrume, Señor. Y no dejes que la responsabilidad de ser madre se convierta en otra tarea doméstica. La gloria de ser madre está aquí ahora. Ayúdame para que esté ahí cuando mi bebé tenga dos años, y diez, y trece, y hasta dieciocho.

Y dentro de muchos años, cuando esté recogiendo juguetes y toallas y casualmente desechando medias viejas, ayúdame para que no esté simplemente doblada, barriendo hojas. Ayúdame a ver la magnificencia del árbol lleno de ramas que tú encomendaste a mi cuidado: el árbol que primero amé cuando era más pequeño que una bellota . . .

Diario de mis pensamientos, sentimientos y oraciones

Semana 12

*E*n el examen médico a los tres meses de embarazo probablemente escucharás el latido del corazón de tu bebé. Esto
se hace con una equipo de ultrasonido. Los ritmos que
escuches serán rápidos, casi como si tu niñita hubiera estado
buscándote durante las pasadas doce semanas y ahora corre
hacia tus brazos. Al inclinarte para levantarla, echa sus brazos
alrededor de tu cuello, apretando tu cabeza contra su pecho, y
en el abrazo escuchas su corazón latiendo. Ese corazón comenzó
a formarse durante la quinta semana de tu embarazo o exactamente tres semanas después de la concepción. En ese momento se juntaron dos tubos diminutos, los cuales más tarde
se abultaron para convertirse en cuatro cámaras. Las dos
cámaras de arriba son las aurículas; las dos de abajo, los
ventrículos. Para la séptima semana de la gestación, un tabique divisorio de tejido separó la aurícula derecha de la izquier-
da. Al mismo tiempo, los ventrículos desarrollaron un tabique
muscular que los separó. También se formaron aberturas entre
las cámaras y, poco después, las válvulas que regulan el fluir
de la sangre.

Mientras el corazón de tu bebé se desarrollaba, también lo
hacía el sistema necesario para apoyarlo. De la placenta, la
sangre enriquecida con oxígeno fluye a través del cordón umbilical para alimentar a tu bebé y una vez dentro de su cuerpo
viaja al corazón fetal. Allí se bombea al cerebro y al resto del
cuerpo.

Como los pulmones no se han expandido todavía y no
pueden alcanzar el oxígeno que está en el aire, no se toman en
cuenta. Pero en el momento del nacimiento, tu bebé tendrá que
adaptarse rápidamente, pasando de la total dependencia de ti

para su abastecimiento de oxígeno, a abastecerse totalmente por sí misma.

Cómo esto sucede es un pequeño milagro en sí mismo. Pero ese milagro está todavía a gran distancia; el milagro más próximo es el corazón de tu niñita corriendo hacia su madre. Y si escuchas cuidadosamente, puedes oír el corazón de la madre corriendo a encontrarla.

Sobre toda cosa guardada, guarda tu corazón;
porque de él mana la vida.

Proverbios 4:23

❦ *Amado Señor* ❦

Te doy gracias por el hermoso momento en la consulta del médico cuando ese rápido latido de su corazón me dio a conocer por primera vez a mi hija. Ya la amo, Señor. Ya quisiera estrecharla, sentir su corazón palpitante contra el mío mientras busca a tientas para alimentarse y aprende a extraer vida de mí nuevamente.

Guarda ese pequeño corazón, Señor. Es muy frágil y late a un ritmo muy rápido. Mantenlo saludable y palpitando fuerte.

Guarda también su corazón espiritual. Mantenlo puro y libre de contaminación. Mantenlo fresco y fluyendo, libre de estancamiento. Sobre todas las cosas, mantenlo lleno de amor por ti.

Dale un corazón grande, Señor; un corazón lleno de bondad, ternura y compasión; un corazón cuya puerta esté siempre abierta para los que necesitan abrigo de cualquier tormenta que haya podido surcar a través de su vida.

Si ese corazón llega a fatigarse, tráela a tus pies donde pueda encontrar descanso; si alguna vez llega a turbarse, guíala a pastos verdes donde pueda encontrar paz; y si alguna vez se enfría, tómala en tus brazos para que el calor de tu abrazo pueda reavivar su corazón para que una vez más comience a latir para ti . . .

Diario de mis pensamientos, sentimientos y oraciones

Semana 13

urante las últimas dos semanas, las conexiones entre los músculos y los nervios de tu bebé han aumentado considerablemente. Tu hijo ha estado probando esos músculos, realizando toda clase de movimientos repentinos como si fuera una marioneta; ha estado flexionando sus brazos, girando sus muñecas, doblando sus rodillas, moviendo sus pies, retorciendo sus dedos. Para esta semana los músculos de tu bebé ya son más sólidos y sus movimientos más determinados. Está nadando en un tibio estanque de líquido amniótico. Sus vigorosos giros y vueltas se parecen a los movimientos elegantes de un nadador olímpico.

Mientras se mueve de un lado a otro, su pulgar rozará sus labios ocasionalmente, impulsándolo a virar su cabeza para encontrarlo. Cuando lo encuentre, su boca instintivamente tomará el pulgar y comenzará a chupar. En el momento del nacimiento, tu bebé será echado fuera del único hogar que ha conocido y chuparse el pulgar es su manera de prepararse para el día en que tenga que buscar a tientas su alimento.

Ese día la suave tibieza de tu vientre será reemplazada por el roce áspero de la tela contra su piel, por una corriente de aire frío alrededor de su rostro. La oscuridad segura a la que está acostumbrado dará lugar al brillo implacable de las luces del hospital. El ritmo tranquilizador de tu corazón será reemplazado por el bullicio disonante del ir y venir de médicos y enfermeras. Y al no continuar siendo alimentado por el cordón umbilical, tu bebé experimentará extraños y agudos dolores que nunca antes ha sentido: los dolores del hambre.

En su hambre aguda llorará por la tibia leche tuya. Y en su soledad llorará por el consuelo de tu presencia. Porque de tu pecho no sólo recibirá la leche que necesita para su cuerpo, sino la leche que necesita para su alma: la leche de la compasión maternal.

¿Se olvidará la mujer de lo que dio a luz,
para dejar de compadecerse del hijo de su vientre?
Aunque olvide ella, yo nunca me olvidaré de ti.

Isaías 49:15

❧ Amado Señor ❧

Te doy gracias porque te has dignado a usar la quieta y gentil imagen de una madre alimentando a su bebé para describir los sentimientos que tienes por tus hijos.

Esa imagen me dice mucho, porque aún ahora sé que de ninguna manera podré olvidar jamás este bebé que se alimentará de mi pecho. Mi compasión fluye hacia él como la leche de mi pecho. Y si eso es cierto, Señor, ¡cuánto más la leche de la compasión divina fluye hacia tus hijos! Especialmente cuando claman en medio de la noche, hambrientos, solos y asustados, temblando en la oscuridad.

Señor, cuando clame a ti en mi vacuidad, ayúdame a darme cuenta de que tú no me has olvidado; cuando clame a ti en mi soledad, ayúdame a entender que tú no me has abandonado.

A través de mis lágrimas, ayúdame a ver que tú estás cerca, afligido con sentimientos como los de una madre, deseando tomarme en tus brazos, donde la leche de tu compasión será mi alimento; la suavidad de tu pecho, mi almohada; y los latidos de tu corazón, la canción de cuna que me arrulle para dormir.

Es una imagen muy hermosa la que has escogido, Señor. Tráela a mi mente cada vez que le dé el pecho a mi bebé. Y mantenla en mi mente todos los días de mi vida. Porque un día, tal vez, estaré temblando en la oscuridad, sintiéndome vacía y sola, necesitando desesperadamente el consuelo de tu pecho . . .

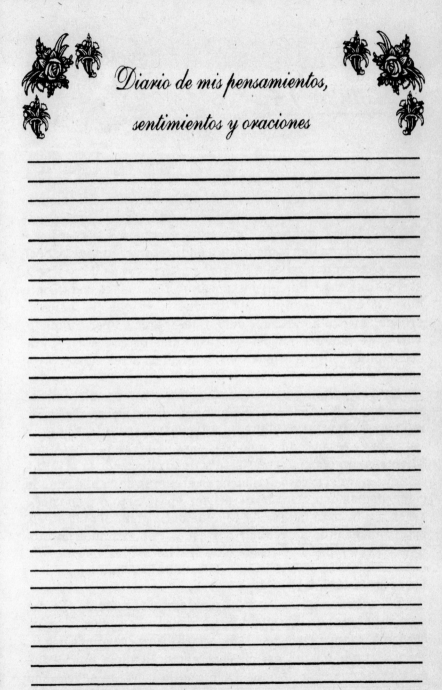

Diario de mis pensamientos, sentimientos y oraciones

Semana 14

La decimocuarta semana señala el comienzo del segundo trimestre, el tiempo en que el cartílago del esqueleto de tu bebé comienza a convertirse en hueso. Las costillas y las vértebras ya han comenzado a endurecerse, aunque tu bebé tiene solamente alrededor de doce centímetros de largo y pesa apenas una onza. Puedes descansar un poco más cómodamente durante el comienzo de este trimestre, ya que tus náuseas probablemente han disminuido o desaparecido por completo. Tu mente también puede descansar más porque el riesgo de desarrollar defectos congénitos ha quedado atrás en su mayor parte.

Esto es porque ya todos sus órganos están completamente formados y funcionando. El sistema digestivo es capaz de reducir e impulsar el alimento a través de sus intestinos. La vesícula ya está produciendo bilis para ayudar en la digestión. Mientras tanto, el páncreas está ocupado haciendo la insulina que quemará el exceso de azúcar en el cuerpo de tu hija cuando coma demasiado algodón de azúcar en el circo o demasiado helado al hacerle mandados al abuelo. La glándula pituitaria está comenzando a producir hormonas que estimularán aún más el crecimiento y desarrollo, las hormonas que un día conducirán a tu hija a través del umbral de la adolescencia hacia la vida adulta.

El crecimiento de los hijos es demasiado rápido. El día menos pensado tu hija tendrá dos años . . . y cuatro . . . y ya será una jovencita que deja el nido para formar su propio hogar.

Afortunadamente, ese día está lejano. El único umbral que está cruzando esta semana es el que la conduce al segundo trimestre.

Pero ya, mientras lo cruza, parece algo mayor. Su cabeza es más redonda y más distintivamente humana. Sus ojos, que comenzaron en el lado de la cabeza, se han acercado uno al otro. Y los párpados, aunque sellados, pueden guiñar. Tu bebé puede hacer toda clase de expresiones faciales. Sonríe y frunce el ceño, y cuando le rozan ligeramente la frente hasta vuelve la cabeza.

Ahora es evidente: tu niñita está creciendo.

Antes de llegar a ser madre tenía cientos de teorías
de cómo criar hijos
Ahora tengo siete hijos y solamente una teoría:
ámalos, especialmente cuando menos lo merecen.

Kate Samperi

🍎 *Amado Señor* 🍎

A veces me siento muy insuficiente para criar esta niña. Cuando veo en las librerías todos los libros que hay con consejos sobre la crianza de los hijos, me siento abrumada por lo mucho que desconozco. Ayúdame a beneficiarme de la percepción y experiencia de otros. Pero ayúdame a darme cuenta de que si leo todos los libros y pongo en práctica todas las teorías, y no tengo amor, de nada me sirve. Y aún menos a mi hija.

Ayúdame a amar a mi hija, aun en los tiempos en que menos lo merezca. Especialmente en esos tiempos, Señor. ¿No es acaso esa la manera en que tú nos amaste? Cuando aún éramos pecadores; cuando nuestros rostros estaban ceñudos y rechazaban la luz de la verdad; cuando menos lo merecíamos.

Dame un amor que cubra la multitud de pecados que mi hija cometerá en su niñez; y dale a ella un amor que cubra la multitud de pecados que yo cometeré en mi vida adulta. Dame un amor que pase por alto su comportamiento infantil y dale a ella un amor que pase por alto el mío. Porque hay momentos en que yo también me quejo cuando tengo hambre, me agoto cuando hace calor y me dan rabietas cuando estoy cansada.

Pero parece que me estoy cansando menos en estos días y por eso te doy gracias, Señor. Te doy gracias también por lo rápido que mi bebé se está desarrollando. Porque para una madre que espera ansiosamente, no crece suficientemente rápido. Pero sé que habrá un día en que no querré que crezca más. Porque sé que si continúa creciendo, un día daré media vuelta y se habrá ido.

Ese será un día triste. Cuando llegue, Señor, pon un pequeño retrato en su corazón. Algún recuerdo, hecho jirones, gastado, de una madre que una vez la amó cuando era una niña pequeñita.

Y que la ama todavía . . .

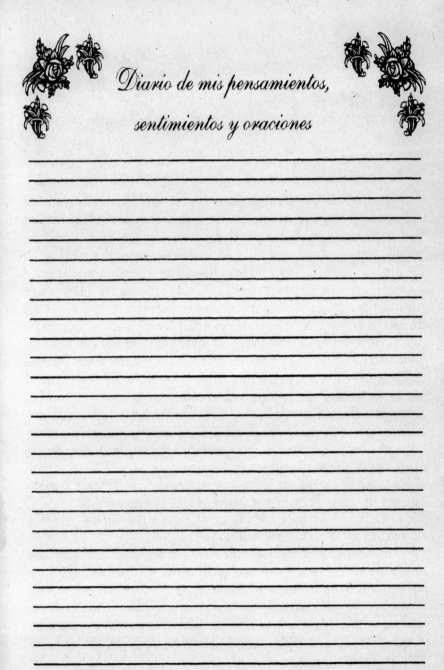

Diario de mis pensamientos,

sentimientos y oraciones

Semana 15

¿Es un niño o una niña? Esta es probablemente la pregunta más frecuente que le hacen a una obstetra. Durante los primeros meses de tu embarazo, el sexo de tu bebé no puede ser determinado mirando simplemente al embrión en desarrollo, porque los niños y las niñas cuando comienzan parecen iguales. El proceso real para diferenciar al varón de la niña se lleva a cabo por medio de las hormonas. Así como un aumento en la savia hace que un árbol florezca en la temprana primavera, de igual manera las hormonas fetales causan el brote sexual que está tomando lugar entre las extremidades de tu bebé. No es hasta la décimoprimera semana que los órganos sexuales comienzan a surgir. Tanto en los niños como en las niñas se desarrolla un pequeño botón entre las piernas, con dos abultamientos a cada lado. En los niños, el botón se desarrollará para convertirse en un pene y los abultamientos crecerán juntos para crear el escroto en forma de un saco. En las niñas, el botón se desarrollará para convertirse en un clítoris; debajo de éste un corte formará la abertura de lo que será la vagina; y los abultamientos de cada lado, que constituyeron el escroto en el varón, formarán los labios de la vulva.

Una inspección microscópica de los órganos sexuales del bebé revela un desarrollo extraordinario. En los conductos de los testículos del niño, los futuros espermatozoides ya se han formado. Y en los ovarios de la niña ya se han formado cinco millones de folículos, cada uno conteniendo un óvulo. Así que, si vas a tener una niña, ya ella tiene su dote de óvulos para toda la vida.

Aunque las diferencias físicas no son visibles a simple vista hasta el segundo trimestre, el sexo de tu bebé es determinado en el momento de la concepción. Tu óvulo y el espermatozoide de tu esposo contienen veintitrés cromosomas cada uno, uno de los cuales es un cromosoma sexual.

El cromosoma sexual puede ser una X o una Y; la X es femenina y la Y es masculina. Tu óvulo siempre tiene un cromosoma X; el espermatozoide de tu esposo puede tener un cromosoma X o uno Y. Si el espermatozoide que se une con el óvulo es un cromosoma Y, la pareja resultante será XY. Como el cromosoma masculino es dominante, el bebé será un niño. Pero si el cromosoma sexual del espermatozoide es una X, la pareja resultante es XX, y tu bebé será una niña.

Las diferencias entre los sexos es por designio divino, que se remonta hasta el jardín del Edén donde "varón y hembra los creó". Y ese designio no sólo hace que el mandato de "fructificar y multiplicarse" sea posible, sino inmensamente agradable.

El amor conyugal cristiano es (o debe ser)
lo más próximo que podemos experimentar
a "un pedazo de cielo en la tierra",
porque es realmente algo que queda del Paraíso.

Mike Mason

❧ *Amado Señor* ❧

Te ruego que me des la sabiduría para saber qué decirle a mi hijo acerca del sexo. Danos una relación tan abierta que él no se sienta avergonzado de hacerme preguntas y que yo no me sienta cohibida para contestarlas.

Ayúdame a enseñarle a respetar su sexualidad como uno de los muchos regalos hermosos que tú le has dado, un regalo que un día compartirá con la mujer que ame.

Gracias Señor, por otro de tus regalos, el regalo del amor conyugal. Gracias por los dulces placeres dentro de su jardín y por los sentimientos de seguridad dentro de sus paredes.

Ayuda a mi hijo para que entienda que a través del amor conyugal puede experimentar algo del paraíso que se perdió en el Edén. Ayúdale también a entender que aun en el más prístino de los paraísos, las cosas pueden ir mal cuando se hace

caso omiso de los límites que tú has establecido. Ayúdame a
explicarle por qué esos límites están ahí; no es para impedirle
que pruebe esos placeres, sino para capacitarlo para que los
disfrute a plenitud.

Ayúdame a enseñarle a mi hijo acerca de este hermoso
jardín. Y que las lecciones más poderosas lleguen por medio del
ejemplo, por la manera tierna y amorosa en que su padre y yo
cultivamos nuestro amor el uno por el otro . . .

Diario de mis pensamientos,

sentimientos y oraciones

Semana 16

Aunque nadie realmente cree que los niños son hechos de recortes, caracoles y colas de cachorros más de lo que las niñas son hechas de azúcar, especias y todo lo lindo, la mayoría de las personas piensan que hay diferencias fundamentales entre los sexos. Además de las diferencias anatómicas evidentes entre los niños y las niñas, muchos ven diferencias en la manera en que ellos perciben el mundo, en las cosas que captan su imaginación y en la forma en que se relacionan socialmente. Se han hecho muchos estudios para explicar estas diferencias. Algunos investigadores se inclinan hacia el lado del debate que considera la naturaleza como la causa, llegando a la conclusión de que las diferencias son determinadas biológicamente. Otros se inclinan hacia el lado del debate que considera la formación como la causa, llegando a la conclusión de que son determinadas por el comportamiento. Un enfoque más equilibrado sugiere que ambos aspectos juegan un papel importante. Aunque se necesita más investigación, los estudios que se han hecho son fascinantes, especialmente los que tratan con el cerebro fetal. Muy temprano en su formación el cerebro se divide en dos hemisferios. El lado derecho procesa la información visual y espacial; por consiguiente, es más artístico y musical. El izquierdo procesa el lenguaje y el pensamiento; por consiguiente, es más analítico y crítico.

En las niñas, el hemisferio izquierdo se desarrolla más temprano que en los niños; por consiguiente, así sucede con la capacidad verbal. En los niños, el lado derecho se desarrolla más temprano; por consiguiente, así sucede con sus capacidades visual y espacial.

Los dos lados del cerebro están unidos por el *corpus callo-*

sum (cuerpo calloso), que es algo así como un cable telefónico
con un mazo grueso de fibras que envía información de un lado
a otro entre los hemisferios. En las niñas, la conexión entre los
hemisferios es más grande y más ancha que en los niños, y por
lo tanto, permite que la información circule más libremente.
Esta diferencia anatómica entre los sexos puede verse durante
la etapa fetal del desarrollo. Ya que la comunicación entre
ambos lados del cerebro es fundamental para la lectura, esto
puede explicar por qué, por lo general, aprender a leer es más
fácil para las niñas que para los varones.

Las investigaciones actuales indican que el cerebro masculino es diferente del cerebro femenino no sólo en estructura sino
también en la química. La hormona sexual masculina tetoste-
rona hace que los niños sean más agresivos. Las niñas, por otro
lado, tienen un nivel más alto del neurotransmisor llamado
serotonina, que tiene un efecto tranquilizador sobre la conduc-
ta y probablemente controla cualquier tendencia agresiva. Así
que las sustancias químicas son por lo menos parcialmente
responsables del por qué los niños juegan más rudamente que
las niñas, por qué les gusta más los cuentos de acción, y, cuando
crecen, por qué son más agresivos sexualmente. Aunque existen diferencias entre los varones y las niñas, no deben exage-
rarse hasta el punto de opacar las diferencias entre los varones
como individuos, las cuales son a menudo más notables. Ver
esas diferencias en tus hijos es una de las tareas principales de
la maternidad, porque esas diferencias afectarán todos los
aspectos de tu relación con ellos, desde la manera en que los
disciplinas hasta la manera en que los diriges en su vocación.

*El ver comienza con el respeto
Me imagino que hay tantas maneras de aprender
como hay maneras de ver;
pero es evidente que nadie puede
realmente ver algo que no ha respetado.*

Steven J. Meyers

❦ *Amado Señor* ❦

Te pido que mi hijita crezca respetando las diferencias entre los sexos. Ayúdale a entender que tanto el hombre como la mujer constituyen la imagen de Dios. Ayúdale a apreciar su femineidad y la manera exclusiva en que fue creada, no sólo como mujer sino como ser humano.

Ayúdale a sentir que es especial porque se le ha dado un par de ojos exclusivos para contemplar el mundo a su alrededor y se le ha dado una mente exclusiva para comprender ese mundo y la interminable variedad de personas dentro de él.

Ayúdale a ver que Dios nos ha dado la diversidad para que el mundo sea un lugar más hermoso donde vivir. Qué linda es la margarita con sus pétalos blancos extendidos muy simétricamente desde su centro dorado; sin embargo, qué monótono sería el mundo si todas las flores en todas las praderas tuvieran pétalos blancos extendidos simétricamente desde centros dorados. Qué empobrecido estaría el mundo sin sus rosas rojas y sus tímidas enredaderas de campanillas y sus campos salpicados de flores silvestres.

Ayúdale a que crezca comprendiendo que para cada persona hay un lugar en este mundo. Que crezca respetando ese lugar, Señor. Y que aprenda a caminar suavemente a través de la vida para no pisotear la hermosa variedad de personas que están luchando para crecer.

Y, Señor, ayúdame a mí para no pisotear a esta hija mía que también luchará para encontrar su lugar en el mundo. Ayúdame a no esperar que ella sea exactamente como yo, que piense como yo pienso o que sienta como yo siento. Dame la gracia para aceptar el hecho de que a ella tal vez no le guste la misma música o los mismos estilos de ropa, que tal vez no tengamos las mismas metas o los mismos sueños. Ayúdame a valorar esas diferencias en ella, Señor, y a fomentarlas para que pueda crecer y llegar a ser todo lo que tú esperabas que ella fuera . . .

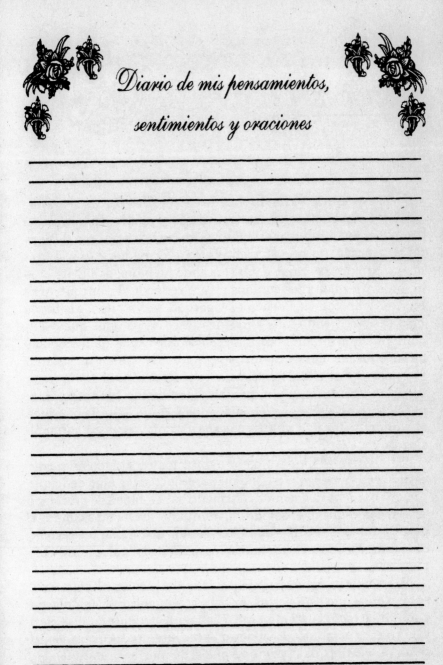

Diario de mis pensamientos, sentimientos y oraciones

Semana 17

*E*l peso fetal se ha duplicado en sólo dos cortas semanas y tu bebé pesa ahora tres onzas y media. Está apenas comenzando a reaccionar a los sonidos dentro y fuera de tu vientre, porque sus oídos están formados y funcionando. La próxima vez que estés tomando un baño, deslízate bajo el agua y escucha los sonidos a tu alrededor. Te encontrarás envuelta en goteos, borboteos y gorgoteos, ya que los sonidos más cercanos son todos amplificados. Los sonidos que escuchas pueden ser un poco imprecisos por causa de las bolsas de aire en los canales auditivos. Tu bebé vive en un mundo rodeado por el silbido continuo de tu corazón, el gruñido de tu estómago vacío, y el gorgoteo digestivo de tus intestinos; pero como no tiene aire en sus oídos y como el agua conduce el sonido mejor que el aire, los sonidos que escucha son más claros.

Si alguien te llamara de la habitación de al lado mientras estuvieras sumergida en la bañera, escucharías algo de lo que tu bebé escucha desde fuera del vientre. Las capas de músculos y de grasa reducen el sonido en treinta decibeles más o menos, pero la melodía de la voz se recibe sin distorsión, casi como escuchar música en la distancia, pero sin poder comprender las palabras.

Un experimento reciente en Irlanda recalcó el efecto del sonido en el que está por nacer. El tema musical de una novela popular se tocó repetidamente a bebés en el vientre que tenían sólo treinta semanas. Después que nacieron se tocó otra vez el tema musical, ¡y de repente se pusieron alertas y atentos!

Recientemente, para mi columna semanal en el periódico, invité a setenta y cinco estudiantes de cuarto y quinto grado a que

enviaran las palabras que más les gustaba escuchar de labios de su madre. Aquí están las cinco ganadoras, repetidas una y otra vez por casi todos los niños:
Te quiero. Sí. Es hora de comer. Puedes ir.
Puedes quedarte levantada hasta tarde.

Dolores Curran, en *Traits of a healthy family*

🍒 Amado Señor 🍒

Esta vida nueva está creciendo muy rápido. Apenas puedo creer que mi pequeño niño ya puede oír. Me imagino que eso quiere decir que ahora no sólo tengo que vigilar lo que entra por mi boca, sino también lo que sale de ella.

Ruego que los sonidos que mi bebé escuche salir de mi boca sean agradables. Que pueda oír risa, canciones y palabras amables, en lugar de gritos, quejas y palabras ásperas. Ayúdame ahora, Señor, aun antes que nazca, a crear un ambiente apacible para él.

Después que haya nacido, que los ritmos de mi voz lo tranquilicen, lo consuelen y lo hagan sentir bienvenido a este mundo extraño al que ha llegado. Y cuando sea más grande, que todavía yo pueda tener una voz que tranquilice, consuele y acoja. Porque el mundo está lleno de cosas que lo sobresaltarán, lo asustarán y lo harán sentir como un extraño; desde la primera vez que se caiga cuando esté aprendiendo a caminar hasta la décima vez que se caiga en la acera cuando esté aprendiendo a montar su bicicleta. Que para esos momentos traumáticos y para todos los momentos intermedios, sea yo hacia quien él corra. Y cuando le advierta que tenga cuidado, que la instrucción de bondad esté en mis labios y el tono de bondad en mi voz.

Ayúdame también, Señor, a aprender a oírle, a escuchar todo lo que dice, especialmente las cosas que diga sin hablar, que son muy importantes que una madre comprenda, como los sentimientos sin palabras que se asomarán a sus ojos o las reacciones inarticuladas que pasarán sobre su rostro. Ayúdame a entender el lenguaje de su corazón, Señor. Y ayúdame a entender el mío.

Ayúdame a ser una madre cuyo tono de voz sea música al oído de un niño. Te ruego que me des una voz que tenga un "sí" en ella tanto como sea posible. Guárdame de ser una madre que siempre está diciendo "no", una madre que proteja demasiado, que prohíba demasiado, que se preocupe demasiado.

Mientras él crece, que las palabras más favoritas que escuche de mí sean: "Te quiero." Que nunca deje de sentir alegría al escuchar esas palabras y que yo tampoco deje de sentir alegría al decirlas . . .

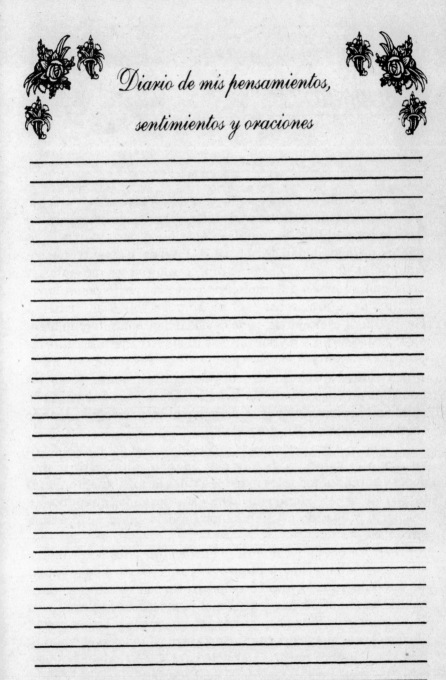

Diario de mis pensamientos, sentimientos y oraciones

Semana 18

*E*l embrión comienza a moverse a la octava semana. No es mucho más que una contorsión de reflejos rudimentarios o un palpitar de impulsos nerviosos, pero marca el comienzo de la actividad de tu bebé. Al final del primer trimestre, cuando las fibras nerviosas se conectaron con los músculos, la actividad aumentó. Las contorsiones se convirtieron en movimientos de estiramiento y el palpitar se volvió en piruetas. Hasta ahora esos ejercicios de calentamiento han tenido lugar en el gimnasio quieto y solitario de tu vientre. Pero durante las próximas semanas todo eso cambiará. Quizás ya ha cambiado. Quizá sentiste algo dentro de ti, algo tan suave como las puntillas de unas zapatillas de ballet. Ese algo era tu pequeña bailarina haciendo su debut, saliendo al escenario y danzando en el camino hacia tu corazón.

Ahora sólo puedes sentir el roce de su mano a través de tu vientre o el golpecito de sus pies cuando salta; pero pronto podrás aprender todos los matices sutiles de movimiento. Pronto podrás saber cuando tu bebé está dormida, cuando está despierta y cuando está entrando en calor para su próxima ejecución.

Disfruta del ballet mientras puedas. En unos pocos meses esa pequeña bailarina de cinco onzas se convertirá en un púgil de dos kilogramos, que te golpeará en las costillas y dará vueltas para patear tu vejiga. En unos meses más estará fuera de tu vientre y dentro del mundo, una pequeña y activa recién nacida. Antes que te des cuenta, estará moviéndose velozmente sobre la alfombra para explorar la casa, luego balanceándose sobre los pies para descubrir el jardín y después andará tambaleándose por todas partes para desafiar al mundo.

*Jehová, no se ha envanecido mi corazón, ni mis ojos se
enaltecieron; ni anduve en grandezas, ni en cosas demasiado
sublimes para mí En verdad que me he comportado
y he acallado mi alma como un niño destetado de su madre;
como un niño destetado está mi alma*

Salmo 131:1-2

❧ *Amado Señor* ❧

Fue muy emocionante sentir a mi bebé moverse; esa suave sensación cuando se rozaba conmigo. Me estremecí con toda la emoción de una pequeña niña que con ansias toca el borde del encaje de la muñeca que está en la vidriera y que ella desea para la Navidad. Estoy ansiosa de sentirlo otra vez. Ardo en deseos de tenerla en mis brazos, alimentarla y vestirla. Contarle cuentos, cantarle canciones y jugar a las escondidas.

Hay tantas cosas que quiero que ella experimente en la vida. Tantos libros que quiero que lea. Tantas actividades en las que quiero que se involucre: clases de ballet, lecciones de piano y proyectos de arte.

Seré una madre orgullosa, Señor. Orgullosa de todos los dibujos y todas las tortitas de barro que haga, de todas las cosas polvorientas que me traiga de abajo del sofá.

Señor, nunca permitas que piense que la amo por lo que hace; no permitas que piense que tiene que sobresalir en alguna actividad para ganar mi aceptación, mi afecto, mi aprobación.

Ayúdale a darse cuenta de que los momentos de más satisfacción de una madre no son los momentos en que ve a su hija envuelta en grandes cosas, ya sea que se distinga en la escuela o en el escenario. Los momentos de más satisfacción de una madre son cuando su hija, que ya no necesita la leche de su pecho, se sube en su regazo, descansa en sus brazos, quieta y callada por el ritmo familiar del corazón de su madre.

A través de mis sentimientos maternales por esta niña, ayúdame a entender qué puedo hacer para darte la mayor satisfacción a ti, Señor. Que mi alma sea como un niño destetado dentro de mí, quieto mientras descansa en tu regazo y callado mientras se mece al ritmo suave de tu corazón . . .

Diario de mis pensamientos,
sentimientos y oraciones

Semana 19

Si pudieras escudriñar el interior de tu vientre, verías ramales rojos de vasos sanguíneos tejidos exactamente debajo de la piel transparente y sedosa de tu bebé. La obra del bordado es tan intrincada que el ojo a simple vista no puede ni siquiera ver los hilos más finos de los vasos capilares que transportan la sangre que da vida a cada célula. Tan pequeños son algunos de los capilares que las células sanguíneas deben viajar en un sola hilera para atravesarlos. Aún más intrincado es el sistema nervioso de tu bebé. Como los capilares, las delicadas puntadas que unen los nervios a los músculos son invisibles a simple vista. El tejido de esta red de nervios comenzó apenas a los dieciocho días de la concepción y no terminará hasta varias semanas después del nacimiento de tu bebé. La terminación del sistema nervioso necesita todo ese tiempo porque cada puntada debe hacerse con meticuloso cuidado, ya que todos los demás sistemas del cuerpo son en su mayor parte integrados y coordinados por el sistema nervioso. Por ejemplo, tomemos la simple acción de oír una canción de cuna. Para captar todas las sutiles variaciones de sonido, tu bebé necesitará más de doscientos cuarenta mil elementos auditivos que serán coordinados por aproximadamente cien mil células nerviosas. Dadas las dimensiones del oído interno, la obra tendrá que hacerse con talento esmerado y precisión.

¿Y qué decir acerca de la simple acción de oler la suave fragancia del talco del bebé? Se necesitarán más de doce millones de terminaciones nerviosas dentro de la nariz para que pueda llevar a cabo esa pequeña hazaña. Y para que pueda percibir los colores brillantes de un libro de cuentos, se necesitarán más de cincuenta billones de puntos sensitivos a la luz dentro de la retina del ojo.

La red invisible de nervios le permitirá no sólo deleitarse en el sabor de las galletas de chocolate acabadas de salir del horno, sino que también lo protegerán del horno caliente haciendo que su mano retroceda con dolor si la extiende y lo toca antes que se enfríe.

Porque tú formaste mis entrañas;
tú me hiciste en el vientre de mi madre.
Te alabaré; porque formidables,
maravillosas son tus obras; estoy maravillado,
y mi alma lo sabe muy bien
No fue encubierto de ti mi cuerpo,
bien que en oculto fui formado,
y entretejido en lo más profundo de la tierra
Mi embrión vieron tus ojos,
y en tu libro estaban escritas todas aquellas cosas
que fueron luego formadas,
sin faltar una de ellas

Salmo 139:13-16

❦ *Amado Señor* ❦

Estoy maravillada de cómo tú puedes unir la intrincada red de nervios que algún día sentirán cada esquina puntiaguda de los muebles, cada cosquilla juguetona de los dedos de un padre, cada caricia tierna de la mano de una madre. Cuando mi hijo dé su primer paso, será debido a los nervios que tú conectaste a sus piernas y coordinaste con el resto de su cuerpo. Cuando diga su primera palabra, será debido a la complicada obra de conexiones que revisten la lengua y las cuerdas vocales con los nervios que llevarán las órdenes del cerebro y las convertirán en sonidos. Cuando me sonría por primera vez, será porque tú has configurado los músculos alrededor de su boca con cuidado esmerado. Te doy gracias por todo lo que mi bebé podrá hacer por la manera cuidadosa como lo estás entretejiendo en mi vientre.

Te doy gracias por los placeres que disfrutará, como por los dolores que tendrá que soportar. Por los momentos en que saltará a lo largo de la acera y por los momentos en que en esa misma acera se pelará las rodillas y vendrá a casa llorando para que yo le alivie el dolor con un beso. Por la miel y por los aguijones de las abejas. Por las victorias y las derrotas en los deportes. Por la risa y por las lágrimas. Por todos los diferentes matices de hilos de experiencia que formarán el tapiz de su vida, te doy gracias, oh Señor.

Ruego que sea una larga vida.

Pero cualquiera que sea la longitud de la vida que tú has determinado para mi hijito, por favor, haz que sea hermosa y con significado, y que de alguna manera, en alguna forma, le dé honra a tu nombre . . .

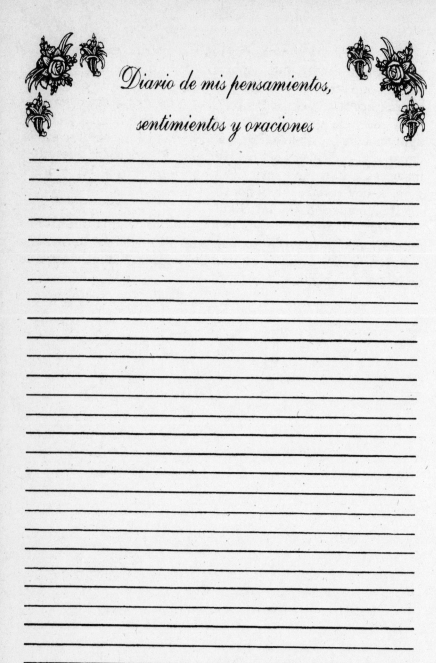

Diario de mis pensamientos, sentimientos y oraciones

Semana 20

A l principio del desarrollo embrionario sólo una capa de las células se extendieron para cubrir a tu bebé. A medida que las células se modificaban, esta capa específica se dividió en dos: la *dermis* o capa interior, y la *epidermis* o capa exterior. Para la vigésima semana, la epidermis se ha subdividido en cuatro capas. Las estrías sobre las manos y los pies componen la capa más exterior, haciendo más fácil el asirse para las manos y más fácil la tracción para los pies. También es la causa de las huellas digitales, otra evidencia de la condición exclusiva de tu bebé en el mundo.

En la capa interior de la piel es donde se almacena la grasa, donde se forman las glándulas sudoríparas y sebáceas, y donde está la raíz del pelo. Tu bebé ya tiene un aterciopelado abrigo de pelo llamado *lanugo* (de la palabra latina para "lana"), pero muy pronto será reemplazado por los folículos capilares que están en desarrollo.

En algún momento de esta semana, tu bebé comenzará a segregar una sustancia blanca y grasosa — algo así como manteca de pastelería — que se mezcla con las células muertas que se desprenden de la piel, formando lo que se llama *vernix* (de la palabra latina para "barniz").

El vernix se pega al fino lanugo que está concentrado en la cabeza del bebé. Antes del nacimiento el lanugo se cae, pero todavía hay suficiente vernix pegado a la cabeza para que cuando la cabeza del bebé se encaje en el canal del nacimiento, sea más fácil para ella atravesar la estrecha abertura. El vernix también actúa como ungüento protector de la delicada piel del bebé para protegerla contra infección y de arrugarse o de afectarse por el salobre líquido amniótico.

Cuando yo era niño, me gustaba observar las anémonas marinas en la costa de California.

Se encontraban a menudo en las rebalsas de la marea entre las rocas. Con un diámetro de doce o quince centímetros, parecían como flores coloridas con tentáculos suaves y ondulados.

Pero noté un fenómeno interesante Algunas veces tomaba un palo y aguijoneaba a una de ellas De inmediato, la anémona marina recogía sus sensibles tentáculos y se cerraba herméticamente. Era similar a una flor hermosa que se cerraba. Ahora estaba protegida de un nuevo daño.

Lo que sucede con la anémona marina ilustra lo que le sucede a una persona cuando se le ofende. Los tentáculos de esa anémona marina son similares al espíritu de una persona. La anémona marina está completamente abierta e indefensa. Pero cuando el palo la aguijonea, se cierra definitivamente.

Gary Smalley, en *The Key To Your child's Heart*

🍂 Amado Señor 🍂

Qué frágil es esta pequeña vida dentro de mí. Los dedos de sus manos y sus pies se balancean en el estanque salobre del amnios, exactamente como los tentáculos de una anémona marina oscilan en la rebalsa de la marea en la costa. Su piel transparente se extiende muy delicadamente sobre sus órganos internos y los ampara con tal protección.

Sé que todo eso cambiará antes del nacimiento. La piel se volverá más gruesa. Los pigmentos se oscurecerán. Y algún día habrán callos por correr descalzo durante los meses de verano. Pero aun entonces, Señor, ayúdame a darme cuenta de que, no importa lo áspera que parezca, la piel de otro ser humano es una cosa delicada.

Ayúdame a tratar a esta niña con ternura, Señor. No simplemente porque su piel es delicada, sino porque su espíritu debajo de esa piel es delicado también. Es sensible y puede ser herido fácilmente. Protege su tierno espíritu, Señor.

No permitas que mis palabras la aguijoneen. No permitas que mi humor clave una vara dentro de algún área que sea sensible. No permitas que mi corrección se convierta para ella en algo dolorosamente humillante. Guárdala de tener que encerrarse en un caparazón para protegerse de mí, Señor. Más bien, dame la determinación ahora, aun antes que nazca, de deponer las varas verbales y las piedras que puedan herirla y provocarla a que se encierre . . .

Diario de mis pensamientos, sentimientos y oraciones

Semana 21

*E*l sonograma será la primera imagen que verás de tu bebé. Esa imagen es creada con ondas sonoras inaudibles y agudas que son dirigidas a tu bebé a través de un aparato llamado transductor. Éste se pasa lentamente de un lado a otro sobre tu abdomen, que ha sido untado con gel o aceite mineral para facilitar el contacto del transductor con la piel. Las ondas sonoras rebotan de los tejidos al transductor, algo así como un sonar buscando un submarino. En realidad, fue para operaciones militares de defensa contra submarinos durante la Primera Guerra Mundial que esta tecnología se empleó por primera vez. Esos ecos sonoros después se convierten en imágenes que tú verás en un monitor. Puesto que los tejidos de diferente densidad reflejan el sonido de manera diferente, el tejido óseo se destacará más claramente que el tejido, digamos, de órganos menos densos como el hígado o los riñones. Durante el ultrasonido, se tomarán medidas de tu bebé y los ritmos de su corazón se observarán cuidadosamente. Se hará un examen completo de lo que hay en el útero para asegurar que todo está formado y funcionando correctamente. Si tu médico realiza varios sonogramas durante un período de tiempo, se puede determinar si el bebé está creciendo a un ritmo saludable y hasta se puede estimar aproximadamente lo que el bebé pesará al nacer. El equipo de ultrasonido también permite que el médico sepa la edad de tu bebé. ¡Y si tienes uno o dos o tres de ellos dando vueltas en tu interior!

Además de todo eso, el ultrasonido es bueno en el trabajo de investigación, ayudando a determinar si hay alguna anormalidad en el bebé. La máquina puede también detectar anormalidades en la madre, tales como tumores uterinos. Otros indicios, como la cantidad de líquido amniótico, le indican al médico si el bebé está en alguna clase de peligro.

A diferencia de las radiografías, el ultrasonido no envía radiaciones peligrosas a través del cuerpo de tu bebé; y a diferencia de la amniocentesis, el procedimiento no es hecho dentro del cuerpo. No hay malestar, excepto el de una vejiga extremadamente llena de los varios vasos de agua que tendrás que tomar de antemano. La vejiga llena sirve como una guía para que el médico pueda localizar los órganos pélvicos y permite al transductor mostrar imágenes más claras en el monitor.

Pero no esperes que estas imágenes sean como para entrar en un concurso del "bebé más lindo". Espera, sin embargo, sentirte trastornada cuando te den el primer vislumbre del milagro de la vida que está creciendo dentro de ti.

El sonograma
Estamos a punto de captar un breve vislumbre
del milagro de la vida ¿Nos atrevemos?
Acostada sobre la fría mesa de plástico, miro por encima
de mi hombro a la pantalla negra.
El médico enciende el interruptor.
Una imagen aparece .
Y me pregunto si Dios les permitió a los ángeles
observar cómo Él formó a Adán del polvo

Julie Martin, en *A Time to Be Born*

🌑 *Amado Señor* 🌑

Te doy gracias por levantar la cortina y permitirme dar una breve mirada a este milagro de la vida en desarrollo. Pienso que fue un momento sagrado que los ángeles desearían ver.

Aún si hubiera sido sólo el eco de un sonido, sólo el dibujo de una tiza en una pizarra polvorienta, todavía sería maravilloso. Esa cabeza distintivamente redonda. Ese pequeñísimo corazón latiendo. Esa silueta gris granulosa. Aún envuelto en tanta oscuridad, ese desaliñado hijito mío era hermoso.

Qué maravilla fue poder verlo. Flotando allí. Chapoteando alrededor como un niño despreocupado en una piscina de *vinil* en el patio. Pataleando en el agua. Inconsciente de los ojos que lo observan . . . o de la conmoción que produjo en nuestro corazón.

Te doy gracias porque daré a luz a este precioso bebé en un tiempo en que la tecnología médica ha avanzado mucho. Hace solamente un siglo las cosas eran muy rudimentarias y la tasa de mortalidad era muy alta, lo mismo para la madre como para su bebé.

Especialmente, Señor, gracias por mi médico. Por todo el tiempo que pasó en la universidad y por todos los sacrificios que hizo para obtener esa educación. Por los riesgos que corrió para comenzar a ejercer su profesión y por las largas horas que dedica para cuidar a los pacientes que lo necesitan, de los cuales yo soy sólo una.

Te doy gracias también por todos los sacrificios que su esposa ha hecho. Por su paciencia en todos aquellos momentos en que lo llamaron de urgencia e interrumpió los planes que tenían juntos. Ella es una mujer especial, y ruego que tú la premies por todos esos sacrificios.

Te doy gracias también por su familia y por lo generosos que son con él, y por comprender las demandas que esta inimitable profesión requiere de él.

Bendícelo, Señor. Dale la fuerza para hacer todo lo que tiene que hacer y el descanso que necesita para que mañana tenga la fuerza para hacerlo todo de nuevo.

Y de alguna manera, Señor, devuélvele algo de ese precioso tiempo que perdió de compartir con su esposa y su familia . . .

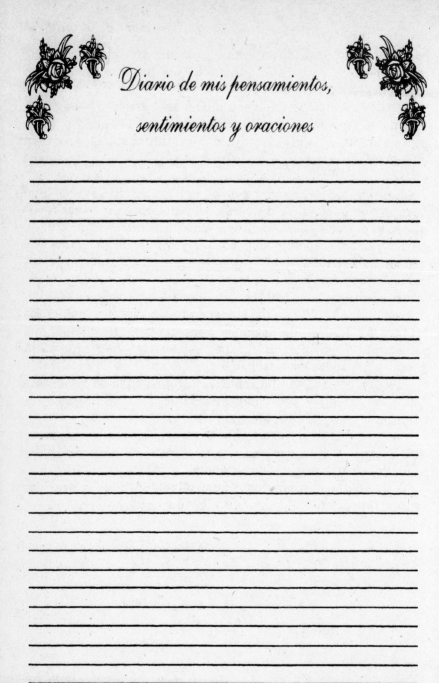

Diario de mis pensamientos, sentimientos y oraciones

Semana 22

Hace una generación, los primeros doce años de vida eran considerados los más formativos en el desarrollo de un niño. La última ola de investigaciones indicaron que el tiempo más formativo son los primeros tres años de vida. Las investigaciones actuales se remontan en el tiempo para incluir la vida dentro del vientre. Así es. Durante el período de nueve meses en tu vientre, tu bebé se está desarrollando no sólo física sino también intelectualmente. ¿Y quién es el renombrado médico responsable de esos descubrimientos revolucionarios? ¡Nada menos que el doctor Seuss! Se desarrolló un estudio con un grupo de dieciséis madres durante las últimas seis semanas y media de su embarazo en el cual, dos veces al día, leían en alta voz a sus bebés el libro del doctor Seuss *The Cat in the Hat* [El gato en el sombrero]. Después que los bebés nacieron, los médicos que dirigieron el estudio observaron sus patrones de succión. Cuando ponían la grabación de las madres leyendo la historia, anotaron el patrón, llamándolo "Patrón A". Cuando ponían la grabación de las madres leyendo un poema titulado *The King, the Mice and the Cheese* [El rey, los ratones y el queso], notaron que los bebés alteraban el patrón de succión, al cual los médicos llamaron "Patrón B".

Con sólo tres días de nacidos, quince de los dieciséis bebés alteraron sus patrones de succión al cambiar la grabación a *The Cat in the Hat*. No era el contenido de la historia lo que los bebés querían oír, sino las cadencias de la estructura de la oración, los ritmos familiares que para ellos eran muy tranquilizantes. Por esos descubrimientos, sabemos que tu bebé no sólo está acurrucada en tu vientre, escuchando, sino que también está aprendiendo.

Exactamente como una niña pequeña, ¿no es cierto? Suplicándole a mamá que le lea su historia favorita una y otra vez.

Traían a él los niños para que los tocase; lo cual viendo los
discípulos, les reprendieron. Mas Jesús, llamándolos, dijo:
Dejad a los niños venir a mí, y no se lo impidáis;
porque de los tales es el reino de Dios.

Lucas 18:15-16

🍒 *Amado Señor* 🍒

Es muy fácil pasar por alto a los niños pequeños pensando que todo lo que pueden entender son palabras simples y canciones infantiles. Pero si es cierto que empiezan a aprender en el vientre, entonces nunca es demasiado temprano para enseñarles acerca de ti, siendo esa probablemente la razón por la que esas personas trajeron sus pequeños a Jesús.

Sin duda, ellos querían su bendición sobre sus hijos. Pero quizás había algo más. Quizás querían que sus hijos tuvieran la experiencia de sentarse sobre sus rodillas y contemplar sus ojos, reunirse a su alrededor y escuchar las palabras tiernas que salían de sus labios.

¿Cuántos de esos niños crecerían recordando aquella mañana en que estaban sentados a sus pies? Quizás no recordaban sus palabras más de lo que los bebés de la investigación recordaban las palabras del libro. Pero quizás había algo más allá de las palabras que ellos entendían.

Ayúdame a ver, Señor, que los niños traídos a Jesús no eran demasiado pequeños para comprender la mirada de amor en sus ojos o el tono de bondad en sus labios. Que mi hijita pueda ver esa mirada en mis ojos y oír ese tono en mis labios, para que cuando se baje de mi regazo sienta como que ha percibido en pequeña escala o en un breve momento algo de tu presencia . . .

Diario de mis pensamientos,

sentimientos y oraciones

Semana 23

ay algo más que tu bebé aprende dentro del vientre. Algo infinitamente más importante que distinguir los patrones del habla en un libro de cuentos. Los investigadores han descubierto que el vientre no es sólo el lugar donde tienen lugar las primeras sensaciones del desarrollo intelectual, sino que es también donde comienza el desarrollo emocional de tu bebé. Muy temprano en su desarrollo fetal, tu bebé comienza a oír. En algún momento entre la vigésima y la vigesimoquinta semana, el sentido auditivo de tu hijo es comparable al de un adulto. Hasta cierto punto, los ruidos que tu bebé escucha durante el resto de tu embarazo ayudarán a formar sus primeras impresiones del mundo al que está a punto de entrar. El escuchar palabras apacibles o andanadas verbales determinará cuánta seguridad tu bebé sentirá al entrar a este mundo.

¿Es un lugar seguro o está lleno de peligro? ¿Es un lugar ordenado o está lleno de caos? ¿Es un lugar apacible o está lleno de ansiedad?

Los investigadores dicen que para el sexto mes, tu bebé lleva una vida emocional activa y hasta es capaz de discernir tus estados de ánimo y tus actitudes. Los sonidos altos y discordantes pueden hacerle encoger y replegarse. También, los altos niveles de tensión nerviosa que tú sientas son tranformados en sustancias químicas que pueden ser transmitidas a través de la placenta, por donde son absorbidas dentro de la corriente sanguínea de tu bebé. Si la tensión nerviosa se mantiene por largos períodos de tiempo, existe la sospecha, aunque no está probado en forma concluyente, que no sólo afecta el bienestar emocional de tu bebé, sino posiblemente hasta su desarrollo físico y mental.

Este segundo trimestre es un buen tiempo para que te concentres en el mundo al cual vas a traer a tu bebé, asegurándote que sea un lugar seguro, protegido y apacible.

Es también tiempo para concentrarte en tus propios sentimientos. Los estudios indican que aun en el vientre, el bebé es capaz de percibir los sentimientos generales de la madre hacia él. Probablemente lo mejor que puedes hacer por tu bebé ahora es hacerle sentir querido, algo que necesitará sentir de ti toda su vida, si es que va a llegar a ser una persona emocionalmente saludable.

Si uno hace felices a los niños ahora, con el recuerdo los hará felices dentro de veinte años

Kate Douglas Wiggin

❦ Amado Señor ❦

Quiero que este pequeño niño sepa cuánto lo amo. Quiero que sepa cuánto gozo ha traído a mi vida. Me doy cuenta, Señor, de que él no entenderá estas cosas, por lo menos completamente, hasta aquel día en que tenga sus propios hijos. Pero, Señor, ayúdale ahora a entender esto: ayúdale a saber cuánto lo queremos.

Ayúdame a mostrarle cuánto lo quiero. Por la chispa en mis ojos cuando le sonría. Por lo rápida que sea en dejar las tareas de una madre para jugar con él. Por la manera pausada en que le lea cuentos, aun los cuentos que le haya leído cientos de veces. Especialmente esos cuentos, Señor, porque crearán un recuerdo muy vívido para él.

Ayúdame a darle a este pequeño una niñez feliz; con noches de acostarse tarde, peleas de almohadas y cuentos leídos a la luz de una linterna debajo de las colchas. Que en las mañanas construya fortalezas, que al mediodía coma emparedados en una casita en un árbol y que en las tardes juegue con los niños del vecindario.

Que su niñez esté llena de esos momentos felices, Señor, para que cuando los contemple retrospectivamente de aquí a veinte, treinta, cuarenta años, los recuerdos traigan una sonrisa a su rostro y una seguridad a su corazón de que él fue deseado y que fue amado . . .

Diario de mis pensamientos, sentimientos y oraciones

_____
_____
_____
_____
_____
_____
_____
_____
_____
_____
_____
_____
_____
_____
_____
_____
_____
_____
_____
_____
_____
_____
_____
_____
_____
_____
_____

Semana 24

Tu bebé pesa un poco más de medio kilogramo. Su rostro está completamente formado. Los párpados ya no están fundidos, sin embargo permanecen cerrados hasta éste, el sexto mes, cuando el ojo completa su desarrollo. El cuerpo de tu bebé se está volviendo más proporcionado y derecho, saliendo de la posición encogida fetal en la que ha estado desde sus primeros desarrollos. El estiramiento tiene lugar en un saco flexible que rodea a tu bebé que se llama *amnios*. La membrana externa del amnios está hecha de tejido fuerte pero elástico, así que no hay peligro de que tu bebé se estire muy violentamente o que dé una patada y le abra un hoyo.

La palabra *amnios* viene de un término griego que significa "pequeño cordero", porque cuando los corderos nacen, están encerrados en una burbuja protectora similar. Como un pastor llevando un pequeño cordero en sus brazos, este saco de agua tibia protege a tu bebé de todos los choques y sacudidas con los que se tropezará durante el transcurso de tu embarazo. También ejerce una presión contínua sobre el útero y lo mantiene ensanchándose para que pueda acomodar el crecimiento de tu bebé.

La superficie del amnios está barnizada por una capa sencilla de células que está creciendo constantemente, permitiendo a la burbuja expandirse y mantener el ritmo con el bebé. Con su forma esférica y su brillo opalescente, el amnios parece una perla transparente.

Algunas veces el líquido dentro del amnios parece turbio por causa de las células fetales, el lanugo y el vernix que se han desprendido y flotan en él. Pero hasta con los orines del bebé flotando dentro de él, el líquido amniótico es estéril. Una razón principal es que el líquido es renovado constantemente. Una tercera parte de él es eliminada y reemplazada cada hora, ascendiendo a seis galones intercambiados por día.

Además de proteger a tu bebé de cualquier impacto repentino, el amnios regula la temperatura del agua que lo rodea, manteniéndola constantemente en algo más de treinta y seis grados centígrados. Esto ayuda a protegerlo contra infecciones, impidiendo el crecimiento de cierta clase de bacterias. Con el amnios envuelto muy tibia y seguramente alrededor de ella, puedes tener la seguridad de que tu pequeña corderita está en buenas manos.

> *Como pastor apacentará su rebaño;*
> *en su brazo llevará los corderos, y en su seno los llevará;*
> *pastoreará suavemente a las recién paridas.*

Isaías 40:11

❦ *Amado Señor* ❦

Gracias por recoger a mi pequeña corderita en tus brazos y llevarla cerca de tu corazón. Me siento muy segura sabiendo que ella está cobijada allí. Te doy gracias por guiarla junto a las aguas de reposo del amnios, por la nutrición que recibe allí, la tibieza, la protección. Te doy gracias por la forma en que pastoreas el rebaño, no sólo por tu fuerza para llevar a las débiles, sino por tu sensibilidad para conducir a las cansadas. Te doy gracias por tener compasión no sólo por los pequeños corderos, sino también por las madres que los llevan en su vientre.

Te doy gracias por la manera tierna en que me has guiado en este sendero lento, fatigoso, cuesta arriba hacia la maternidad. Hubieras podido empujarme. Hubieras podido dejarme atrás rezagada. Pero no lo hiciste. Aminoraste tu paso para que yo pudiera caminar a tu lado.

Cualesquiera que sean los valles que tengo que atravesar durante este embarazo, no importa lo oscuro, lo profundo, lo depresivo o desalentador, no temeré mal alguno, porque tú, oh Pastor, estás conmigo...

Diario de mis pensamientos, sentimientos y oraciones

Semana 25

Tu bebé pesa ahora algo más de medio kilogramo, siendo el cráneo la parte más pesada. A diferencia del resto del esqueleto, que comenzó como cartílago, el cráneo comienza con cinco placas diferentes que surgen de la base del cráneo. Estas placas son algo así como placas tectónicas debajo de la corteza terrestre. Y como fisuras en la corteza terrestre, existen pequeños espacios entre esas placas, exponiendo la membrana resistente que rodea el cerebro. Estos espacios se llaman *suturas*. Se llaman así porque parece que hubieran sido cosidas con puntadas. El diseño es una maravilla de ingeniería, ya que estas placas se mueven y hasta pueden traslaparse ligeramente cuando la cabeza se abre camino a través del canal del nacimiento. Si no fuera por este diseño único, sería casi imposible que la cabeza de un bebé grande pasara a través del conducto.

Afortunadamente, y esta es la verdadera maravilla, cuando la cabeza del bebé toma su forma de nuevo su cerebro no se daña. Un par de días después que el bebé nace, las placas vuelven a unirse y la cabeza vuelve a su forma normal.

Cuando acaricias la parte de arriba de la cabeza de tu recién nacido, puedes alarmarte de que el centro tiene un "punto blando". Este es el lugar donde se juntan las suturas. Si pones tus dedos sobre estas suturas, podrás sentir la sangre circulando a través de ellas.

Por esa razón, las suturas se llaman también *fontanelas*, un término que significa "pequeñas fuentes". Estas pequeñas fuentes hacen un gran trabajo, regando los puntos blandos con sangre para apresurar la unión de las placas. Y cuando final-

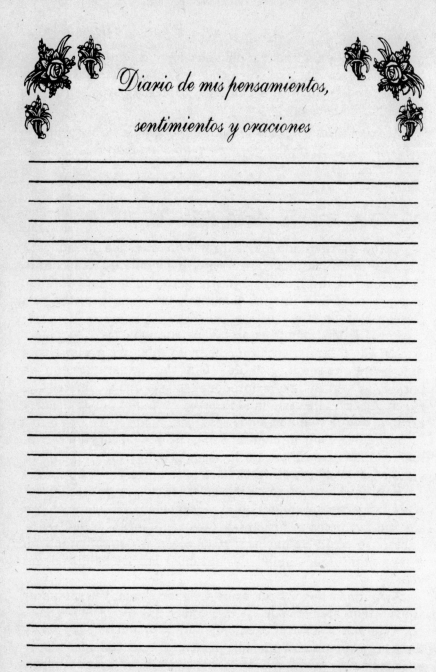

Diario de mis pensamientos,
sentimientos y oraciones

mente se funden, alrededor del año o año y medio de vida de tu bebé, ese casco interno contra choques estará listo para protegerlo cuando comience a dar esos primeros pasos tentativos alrededor de la casa.

El éxito de los padres es llegar a ser lo que deben ser y estar lo bastante cerca de los hijos como para contagiarlos

Ann Ortlund

❧ Amado Señor ❧

Estoy maravillada de la provisión que has hecho para proteger la vida de mi bebé durante su nacimiento. Con cuánta precisión has diseñado este ser humano en miniatura. Todo está planeado muy intrincadamente y trabaja con mucha perfección. Es todo muy increíble.

Pero, Señor, ¿dónde están las instrucciones?

¿Dónde están las cosas que necesito saber para criar a este niño hasta que sea un hombre? ¿Qué plan de estudios empleo para estar segura de que aprenderá todo lo que tú quieres que aprenda? ¿En qué escuela lo inscribo para que pueda llegar a ser todo lo que tú quieres que sea?

Ayúdame a darme cuenta, Señor, de que mi corazón será el lugar donde este niño irá a la escuela; y que mi vida suplirá algunos de los libros que estudiará para aprender cómo crecer.

Pero ¿qué aprenderá mi hijo en esa escuela y de esos libros? ¿Qué lecciones aprenderá observándome cuando me mire con sus ojos grandes y brillantes? ¿Qué palabras aprenderá a hablar? ¿Y cómo las hablará? ¿Qué cosas aprenderá a hacer o a descuidar? ¿Qué habilidades aprenderá de los hábitos de mi vida?

Ayúdame a llegar a ser lo que debo ser, Señor, y permanecer suficientemente cerca de este niño para que eso se le pegue.

Ayúdame a ser una buena maestra, con mucha paciencia y cortas reprimendas. Y que mis principios sean como las placas en la cabeza de mi bebé, firmemente en su lugar y, sin embargo, lo bastante flexibles como para permitirle atravesar muchos pasajes difíciles que debe viajar en su camino para llegar a ser un hombre . . .

Semana 26

La piel finísima del bebé está volviéndose más opaca ahora, casi como si el cuerpo se estuviera dando cuenta de sus misterios. El peso de esos misterios combinados es casi un kilogramo y la longitud de ellos desde la cabeza hasta los pies es alrededor de treinta y cinco centímetros. El engrosamiento de la piel prepara el camino para un verdadero bosque de folículos pilosos, junto con cavidades que proveerán el aceite y el agua necesarios para el mantenimiento de la piel. Cada centímetro cuadrado de piel finalmente tendrá doscientas ochenta glándulas sudoríparas, cuarenta glándulas de grasa y un laberinto de unas ocho mil cuatrocientas células nerviosas que sentirán la más suave de las brisas que soplen sobre la cuna de tu bebé o el más pequeño de los alfileres que pinche su pie.

Cerca del fin del segundo trimestre, los pulmones de tu bebé han atravesado un importante paso en su desarrollo. Las células dentro de los pulmones comienzan a fabricar una sustancia grasosa llamada *surfactant*. Esta sustancia mantiene las bolsas de aire en los pulmones de tu bebé inflados parcialmente después que respira por primera vez. Sin esa sustancia, los pulmones se desinflarían.

Tu médico no tiene que emplear más un dispositivo *doppler* para oír el latido del corazón del bebé, porque el corazón está más fuerte ahora y un estetoscopio especial es todo lo que necesita. Durante los meses que faltan, tu médico observará tu salud así como la del bebé. Con cada visita al médico, cada prueba de sangre, cada examen de la pelvis, cada sonograma, aprenderás más acerca de tu bebé y cómo ella está desarrollándose. Será sólo el comienzo de todo lo que Dios tiene que enseñarte a través de la tierna vida de esta pequeña niña.

En aquel tiempo los discípulos vinieron a Jesús, diciendo: ¿Quién es el mayor en el reino de los cielos? Y llamando Jesús a un niño, lo puso en medio de ellos, y dijo: De cierto os digo, que si no os volvéis y os hacéis como niños, no entraréis en el reino de los cielos. Así que, cualquiera que se humille como este niño, ése es el mayor en el reino de los cielos.

Mateo 18:1-4

❦ Amado Señor ❦

Sé que tengo mucho que enseñarle a esta niña, desde cómo tiene que anudarse los zapatos y a mirar a ambos lados antes de cruzar la calle, hasta a poner su mano en la tuya para que algún día pueda caminar contigo.

Pero también sé que yo tengo mucho que aprender de esta niña. Ayúdame a nunca olvidarlo, Señor. Enséñame las tiernas lecciones de su vida.

Enséñame la sencilla y sincera manera en que ella ora. Enséñame por la manera confiada en que se aferra de mi mano, confiando en que la guiaré cuando camine y la sostendré cuando tropiece.

Enséñame por medio de la manera inocente en que ella explora el mundo a su alrededor, de la forma ansiosa y sin complicaciones en que recibe un regalo, y de la dulce y desinteresada manera en que entrega uno.

Enséñame por medio de la forma instintiva en que corre hacia mí cuando se lastima o se sube a la cama conmigo en la noche cuando está asustada de los truenos o tiene miedo de la oscuridad.

Enséñame a través de la manera libre de inhibiciones en que ella juega y de la manera placentera en que descansa en mi regazo cuando está muy cansada para seguir jugando.

Señor, sé que habrá momentos en que tendré que decirle no y ella no entenderá por qué. Ayúdame a aprender que habrá momentos como esos para mí también. Momentos cuando tú dices no a mis desesperados ruegos. Momentos cuando debo

confiar en que tú tienes mis mejores intereses en tu corazón,
aunque yo esté completamente inconsciente de cuáles son.

Enséñame lo que significa volverse como un niño. Dame la
humildad para aprender de alguien mucho más pequeño y
mucho más débil, y con mucho menos entendimiento que yo. Y
concédeme la sabiduría para entender que la debilidad tiene
lecciones que la fuerza no puede enseñar . . .

Diario de mis pensamientos,
sentimientos y oraciones

Semana 27

ℰsta semana marca el comienzo del tercer trimestre, el período final antes que tu bebé pase a la vida fuera de las seguras paredes de tu útero. Ahora pesa alrededor de un kilogramo y tiene aproximadamente treinta y siete centímetros de largo. Tu bebé se está volviendo cada vez más sensible a tus movimientos. Cuando tú te mueves, el bebé se encoge. Cuando tú descansas, él se pone en movimiento. Casi como si estuviera estirándose para explorar el mundo a su alrededor, tu bebé asirá el cordón umbilical cuando tropieza con él. Y para darle una buena mirada al mundo, este mes abrirá sus ojos, mirando fijamente y pestañeando como los ojos de un perrito recién nacido que se han abierto de repente. Los ojos de tu bebé comenzaron a desarrollarse alrededor de la quinta semana del embarazo. Inicialmente, el cerebro rudimentario envía dos tubos huecos, cada uno de los cuales forma una pequeña esfera al final. Aproximadamente en la octava semana, los vasos sanguíneos se abren paso hacia el ojo, y en la semana siguiente se forman las pupilas. Durante este tiempo, las conexiones neurológicas y el cerebro se desarrollan formando el nervio óptico, que tomará la información sensorial sin elaborar recogida por el ojo y la enviará al cerebro para procesarla. En las semanas siguientes, las células del ojo se diferenciarán entre sí para convertirse en el cristalino, la córnea y el iris. Lo último que se forma es la cubierta protectora de piel que será el párpado.

Como la luz se difunde a través de la piel, la visión dentro del vientre es, probablemente, en su punto más brillante, un débil resplandor anaranjado. Es incierto cuánto puede ver un bebé dentro del vientre, pero sabemos, por medio de un procedimiento exploratorio intrauterino llamado *fetoscopía*, que cuando los bebés ven la luz se dan vuelta y se cubren los ojos con las manos.

Los ojos son solamente receptores; el cerebro es el intérprete. Clasifica la información sensorial que recibe, estableciendo un sistema de archivo de imágenes a las cuales recurrirá el bebé por el resto de la vida.

Tu pequeño hijo aprenderá más rápido las imágenes a las que es expuesto repetidamente. Por eso responderá favorablemente a tu rostro, el cual será familiar para él; pero puede retroceder ante el rostro de un extraño, cuyas facciones serán desconocidas y difíciles de interpretar.

En el momento del nacimiento, tu bebé podrá enfocar sus ojos sólo a una distancia de un pie — justamente la distancia perfecta —, de modo que cuando tú lo tengas en tus brazos él pueda verte. Y lo que vea será la primera maravilla que encuentra en un mundo que para él estará lleno de cosas maravillosas.

Si un niño va a mantener vivo este innato sentido de admiración ... necesita compañía de por lo menos un adulto que pueda compartir con él, volviendo a descubrir con él el gozo, la emoción y el misterio del mundo en que vive.

Rachel Carson

🍎 *Amado Señor* 🍎

Ayúdame a inculcar en mi hijo un sentido de admiración muy indestructible que sea capaz de enfrentar cualquier desilusión que encuentre a lo largo del camino del crecimiento. Ayúdame a darme cuenta de que inculcar en mi hijo este sentido de admiración es más importante que una buena postura o atletismo o gramática correcta. Recuérdamelo a menudo, Señor, porque sé que a menudo lo olvidaré.

Que al caminar de la mano, este pequeño niño pueda llevarme de regreso a los campos de mi propia niñez, al encanto de soplar en el aire los dientes de león, de las mariposas revoloteando de flor en flor, de los arco iris colgados a secar.

Gracias, Señor, que a través de él tengo otra oportunidad en la vida, otra oportunidad de tenderme de espaldas y señalar rostros en las nubes, otra oportunidad de saltar sobre rocas llanas a través de suaves estanques, otra oportunidad de ver renacer el mundo, y para mí de renacer junto con él . . .

Diario de mis pensamientos, sentimientos y oraciones

Semana 28

*E*n las últimas cuatro semanas, el peso de tu bebé se ha duplicado. Ella ahora pesa un poco más de un kilogramo. Después de la vigesimoctava semana el bebé se considera viable, quiere decir, capaz de vivir fuera del vientre. Aunque con los progresos recientes en la tecnología médica, los bebés prematuros que pesan mucho menos que esto ahora sobreviven. En la mayor parte del desarrollo de tu bebé, la cabeza ha sido desproporcionadamente grande con relación al resto del cuerpo. Ahora todo esto ha cambiado, ya que durante las últimas semanas esta desproporción se ha reducido. Dentro de esa cabeza hay un cerebro complejo, que comenzó a formarse alrededor de la cuarta semana de tu embarazo. Para la séptima semana, las células nerviosas se unieron unas con otras para formar surcos por donde los impulsos eléctricos llevan y traen información con velocidad de relámpago.

Cien mil de estas células nerviosas son creadas cada minuto. Para cuando el bebé nazca, el número de células nerviosas ascenderá a cien billones y el número de conexiones entre esas células ascenderá a diez trillones. Tan enorme es ese laberinto de alambrado, que todas las líneas telefónicas del mundo serían sólo una fracción del total de la red que se necesita para toda la comunicación que es procesada por el cerebro de tu bebé.

El cerebro fetal está dividido en dos hemisferios que han permanecido con una superficie lisa hasta esta semana. Ahora ha comenzado a arrugarse formando sus surcos y protuberancias característicos, por el aumento en el tejido cerebral. Es bastante interesante que cada cerebro humano normal tiene esos surcos y protuberancias exactamente en el mismo lugar y con la misma profundidad.

El cerebro de tu bebé es un mecanismo increíble. Un día será capaz de reconstruir las experiencias de su niñez de modo que, hasta muy tarde en la vida, algo muy insignificante como el olor a humedad de un ático puede volver a traerle un torrente de recuerdos.

La mente puede compararse con un jardín que se puede cultivar inteligentemente o que se puede descuidar para que crezca en estado salvaje; pero ya sea cultivado o descuidado, debe — y lo hará — producir frutos Si no se siembran en ese jardín semillas provechosas, entonces una abundancia de semillas inútiles de hierbas malas caerán en él y continuarán produciendo de su género.

James Allen, en *As a Man Thinketh*

❦ *Amado Señor* ❦

¡Cuán intrincadamente has diseñado los circuitos por los cuales algún día viajarán grandes pensamientos! ¿O serán pensamientos muy corrientes? ¿Revelarán los misterios del universo? ¿O simplemente se maravillarán de esos misterios? ¿Serán buenos pensamientos? ¡Pensamientos de ti o pensamientos de otros? ¿O serán malos pensamientos, en los cuales ella es el centro de su universo? ¿Pensamientos que te excluyan a ti y el sufrimiento de otras personas?

Te ruego que vigiles los pensamientos que penetren dentro de los pliegues grises de la mente de mi niña. Ayúdame, oh Dios, a darme cuenta de que la mente de esta niña es como un jardín que debe ser cultivado, o de otra manera, se desarrollará en estado salvaje. Capacítame para plantar las semillas que algún día rendirán una cosecha de palabras amables y obras generosas.

Ayúdame a darme cuenta de que aunque ahora yacen dormidas, echarán raíces más adelante. Dame la paciencia de un agricultor para esperar con expectativa ese día, y la persistencia para mantenerme regando y arrancando malas hierbas hasta que llegue . . .

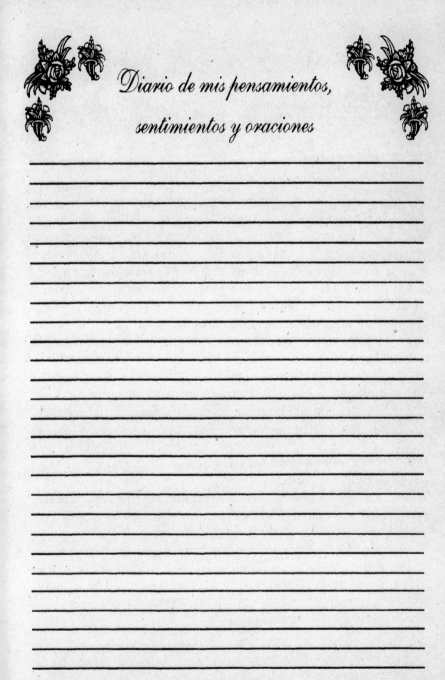

Diario de mis pensamientos, sentimientos y oraciones

_____

_____

_____

_____

_____

_____

_____

_____

_____

_____

_____

_____

_____

_____

_____

_____

_____

_____

_____

_____

_____

_____

_____

_____

_____

_____

_____

_____

Semana 29

Como una catedral majestuosa, tu vientre es un santuario de cosas sagradas, un lugar de reverencia silenciosa, de una débil luz que se filtra a través de los cristales de colores de las paredes uterinas, de himnos silenciosos transmitidos desde lo más profundo de los órganos del cuerpo. Pero el santuario se está llenando un poco más de lo que debe, porque ahora tu hijo mide cuarenta y dos centímetros y pesa un poco más de un kilogramo. Y, como un niño que está sentado escuchando un sermón muy largo, tu bebé está empezando a inquietarse. Tal vez sientas un codo en tus costillas, un talón en tu cervix, y la cabeza contra tu vesícula. Así que se está haciendo cada vez más difícil ponerte cómoda, no sólo para ti sino también para el bebé.

Al buscar la posición más cómoda para dormir, tu bebé dará vueltas hasta que la encuentre. Esta posición o "postura", es exclusiva de cada niño y ha sido establecida desde el quinto mes. Será la misma posición en la que se acomodará cuando se quede dormido en su cuna.

Además de moverse de un lado a otro en su asiento acolchonado, sucede algo que rompe el silencio reverente dentro de tu vientre.

¡El hipo!

Sí, hipo. Es inofensivo y no hay por qué preocuparse. No es en lo absoluto desagradable para tu bebé y, como un niño que hace muecas en la iglesia, puede proveerle un poco de entretenimiento — o algunas veces mucho entretenimiento —, ya que puede durar hasta treinta minutos.

Porque así dijo Jehová el Señor, el Santo de Israel:
En descanso y en reposo seréis salvos;
en quietud y en confianza será vuestra fortaleza . . .

Isaías 30:15

❦ *Amado Señor* ❦

Mi bebé se está abriendo camino cada vez más hacia el mundo. Interrumpiendo mi sueño con sus patadas. Cortándome la respiración cuando se estira. Mandándome de prisa al baño cuando patea sobre mi vejiga. Algunas veces las interrupciones son dulces y me hacen sonreír. Otras veces son desgarradoras y me hacen encogerme de dolor.

Amado Señor, ayúdame a darme cuenta de que de ahora en adelante siempre habrán interrupciones en el silencio apagado de mi mundo. Ayúdame a darme cuenta de que cuando este bebé llegue, mi hogar nunca más será el mismo. Esa quietud como de una catedral, esa paz enclaustrada, será alterada por innumerables interrupciones.

Ayúdame a no excluir los ruidos de las calles infantiles para que lleguen a ser una parte de mi adoración. Ayúdame a recibir estas interrupciones para que puedan cambiar el orden de mi vida en una liturgia más santa, en una vida que se detiene y escucha las vocecitas, en una vida que se inclina para ayudar las manecitas, en una vida que lee historietas, responde pequeñas preguntas, seca pequeñas lágrimas.

Y, Señor, por favor, permite que esos ruidos de la niñez, aunque sean trastornadores, aunque sean molestos, me recuerden a aquel a quien he dedicado mi vida y mi amor . . .

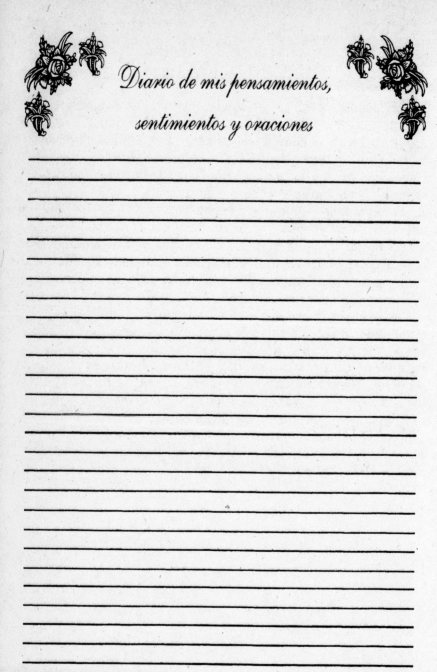

Diario de mis pensamientos, sentimientos y oraciones

Semana 30

*A*proximadamente a las siete semanas de tu embarazo las manos y los pies de tu bebé comenzaron a desarrollarse. En las primeras etapas de ese desarrollo era difícil distinguirlos ya que ambos empezaron como simples brotes en los brazos y las piernas. El desarrollo de las manos comenzó uno o dos días antes que los pies, un adelanto aparentemente insignificante, sin embargo no será hasta el tercer año de vida de tu bebé que los pies finalmente las alcanzarán. Entonces, los dedos de los pies que excavan en la arena de la costa podrán seguir el ritmo de los dedos de las manos que están ocupados esculpiendo castillos de arena. Después que las manos y los pies comenzaron a brotar, se formaron rayos digitales, la primera señal visible de los nacientes dedos. Después se desarrollaron cortes entre los rayos y se desplegaron en dedos unidos por una membrana, en las manos y en los pies, momento en el cual las manos podían distinguirse claramente de los pies. Finalmente, como pétalos que florecen, los dedos se dividieron y se separaron unos de otros.

Las manos desarrollaron huellas digitales que le ayudarán a asirse y los pies desarrollaron algo similar que les dará más tracción. Para la decimoséptima semana, las uñas de las manos y las de los pies comenzaron a crecer. Estas uñas crecerán tan rápidamente que tu bebé probablemente necesitará una manicura poco después de nacer.

Cuando ella llegue finalmente, traerá sus propios juguetes: manos para hacer "torticas", dedos para retorcerse; dedos para jugar, pies para hacerles cosquillas. Estos juguetes la mantendrán ocupada durante horas consecutivas mientras juega en su cuna. Pero no será egoísta con ellos; se deleitará en compartir sus juguetes para que tú también puedas jugar.

Mujer virtuosa, ¿quién la hallará? Aplica su mano al huso, y sus manos a la rueca Alarga su mano al pobre, y extiende sus manos al menesteroso Se levantan sus hijos y la llaman bienaventurada.

Proverbios 31:10,19-20,28

💛 *Amado Señor* 💛

Te ruego por los pies de mi bebé. Ayúdales a alejarse de las sendas engañosas que conducen a la destrucción, así como también de las sendas bien trilladas que conducen a la conformidad. Con la lámpara de tu Palabra para alumbrar su senda, muéstrale el camino que tú tienes para sus pies. Dale la claridad que necesita para ver esa senda y el valor que necesita para caminar por ella, especialmente en los momentos en que tiene que caminar sola.

Y mientras camina por esa senda, Señor, dale pies prestos a venir en ayuda de cualquiera que a lo largo del camino esté en necesidad. Dale manos que se extiendan hacia aquellos cuya vida es menos afortunada que la suya. Que puedan estar abiertas para los hambrientos y los desamparados, para los pobres y los sedientos, para aquellos que estén desempleados, abatidos y preguntándose si hay alguien que en realidad se interesa por ellos.

Ayúdame a darme cuenta, Señor, de que mi niña hará lo que me vea haciendo a mí; sus pies caminarán donde los míos caminen, sus manos harán lo que mis manos hagan.

Confieso que a menudo estoy tan ocupada con mi trabajo que paso por alto a los que no tienen un trabajo que hacer, que no tienen un hogar que limpiar o alimentos que cocinar o platos que lavar.

Ayúdame a darme cuenta, Señor, de que la mujer de Proverbios 31 era una mujer que estaba muy ocupada con su trabajo, sin embargo, nunca demasiado ocupada para extender sus manos al pobre y al necesitado. Ayúdame a darme cuenta de que esta era una de las cosas por la cual sus hijos, no sólo la recordaban, sino que la bendecían . . .

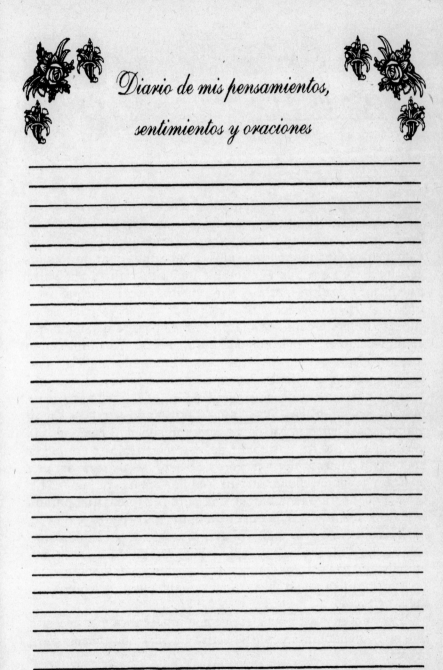

Diario de mis pensamientos, sentimientos y oraciones

Semana 31

En sólo treinta y una semanas tu bebé se ha convertido de una semilla apenas visible, en un tronco delgado con brazos, piernas y una cabeza. Desde el extremo de su cabeza hasta la planta de sus pies tu bebé mide cuarenta y siete centímetros. Cabe tan perfectamente en tu vientre que ya no puede dar los saltos mortales y las vueltas de carnero que hacía antes. A lo más acrobático que puede llegar es pararse de cabeza. Como la cabeza es la parte más pesada de su cuerpo, esta posición es la más cómoda para tu bebé. Y es también la mejor posición para prepararse para el inminente viaje a través del canal del nacimiento. De esta posición invertida, tu bebé todavía hará ejercicios, pero estarán limitados a volverse de un lado a otro. Sentirás sus manos rastreando a través de tu vientre, casi como si estuviera buscando en la oscuridad una perilla en la puerta para salir del estrecho armario en que se encuentra ahora. Algunas veces el bebé se pondrá en una posición plegada, llevando sus rodillas hasta su nariz. En ocasiones, hasta puede lanzar una patada rápida, una patada tan dura que puede hacer caer un libro de tu regazo.

Tus entrañas se sienten desplazadas, y probablemente estás pensando que no hay espacio para que tu bebé crezca. Sin embargo, él pesa alrededor de un kilogramo y medio solamente. Lo que significa que duplicará su tamaño en los próximos dos meses y medio.

Para entonces, tu bebé será como una planta que necesita que se le transplante y que se estira en busca de espacio para crecer.

Raspa la cáscara verde de un árbol joven, o tuércelo caprichosamente hacia el suelo, y un roble cicatrizado o torcido hablará

*de esa acción por muchos siglos Así es con la enseñanza de la
juventud, que deja una impresión en su mente y corazón que
durará para siempre*

Autor desconocido

❦ *Amado Señor* ❦

Mi bebé comenzó a crecer dentro de mí muy calladamente,
muy discretamente. Era sólo una diminuta semillita. Y sin
embargo, ahora está creciendo tan rápido que a veces siento
que voy a explotar. En un par de meses será más grande que
mi vientre. Prepara mi corazón para ese día no muy lejano. Y
prepara mi hogar para que pueda proveer el suelo fértil que él
necesitará para crecer.

Te doy gracias por confiar a mi cuidado esta vida que brota
tiernamente. Líbrame de disciplinarlo con demasiada severi-
dad, de cercenar sus impacientes hojas que se estiran hacia el
cielo en busca del sol.

Ayúdame a darme cuenta de cuán frágil es este pequeño
niño, cuán vacilantes son sus raíces, cuán cambiantes son su
estados de ánimo. Ayúdame a darme cuenta de que la corteza
que lo rodea es verde y tierna, y que las heridas infligidas en
su niñez formarán cicatrices que puede llevar por el resto de
su vida.

Yo sé que habrá momentos en que este niñito me exaspera-
rá. Cuando deje huellas de lodo a través del piso acabado de
encerar. Cuando juegue con rudeza en la sala y rompa una
lámpara. Cuando se ponga insolente y me responda. O cuando
se ponga resentido y se enoje mientras le hable. En esos
momentos, Señor, dame más de tu gracia de modo que yo pueda
tener la sabiduría y el dominio que necesito para tratar con la
situación de una manera que no le deje cicatrices.

Ayúdame a respetar la manera en la que él está inclinado
a crecer, sensible tanto a sus talentos como a su temperamento.
Ayúdame a nutrirle como un jardinero a un árbol joven, per-
mitiéndole crecer de acuerdo con su inclinación natural para
que su belleza exclusiva pueda ser compartida con el mundo . . .

Diario de mis pensamientos,
sentimientos y oraciones

Semana 32

*E*ste último trimestre será el período más agotador de tu embarazo. Además del peso adicional que estás llevando, hay muy poco alivio cuando te acuestas. No importa cómo te coloques, parece que no puedes encontrar una posición cómoda para dormir. No puedes tenderte de espaldas o acostarte boca abajo. Todo lo que puedes hacer es dormir sobre tu costado, sostenida con almohadas — entre tus muslos, debajo de tu cabeza, detrás de tu espalda, al lado de tu estómago — pero aún no puedes estar cómoda. La bebé se está estirando o pateando o tratando de ponerse cómoda ella misma. Tu vejiga te hace levantarte varias veces durante la noche. Y cuando finalmente logras quedarte dormida, tu sueño nunca parece lo suficientemente profundo o lo suficientemente largo. Parte de la razón es a causa de tus sueños.

Algunas veces esos cortos interludios de descanso traen con ellos los más enternecedores de los sueños; otras veces, traen las más desconsoladoras de las pesadillas: escenas aterradoras en las cuales has puesto a tu bebé en un lugar equivocado y te has olvidado dónde la pusiste, la has dejado caer accidentalmente, se ha enfermado o aun ha muerto.

Pero pese a lo perturbadores que son esos sueños, no deben descartarse, porque reflejan tu subconsciente: tus temores y ansiedades.

Mientras duermes, esos temores se desplazan de tu subconsciente y se expresan a sí mismos en sueños muy reales, muy impresionantes. Lejos de ser una señal perjudicial, esos sueños indican cuán preocupada estás acerca de la salud de tu bebé y cuán preocupada estás acerca de ser una buena madre.

Y lejos de ser destructivos, hasta el más perturbador de los sueños, puede convertirse en la oración más tranquilizadora.

> *Por nada estéis afanosos, sino sean conocidas vuestras peticiones delante de Dios en toda oración y ruego, con acción de gracias. Y la paz de Dios, que sobrepasa todo entendimiento, guardará vuestros corazones y vuestros pensamientos en Cristo Jesús*

Filipenses 4:6-7

🍃 *Amado Señor* 🍃

He estado muy cansada últimamente. No puedo acomodarme cuando me acuesto y exactamente cuando puedo sostenerme con almohadas y empezar a sentirme cómoda, tengo que levantarme para ir al baño. Y cuando finalmente me quedo dormida, no descanso mucho. El bebé me despierta con una patada o tengo pesadillas. A veces parecen tan reales, Señor. Me hacen despertar de un salto en la noche y me persiguen durante todo el día siguiente. ¿De dónde vienen esos sueños? En lo profundo de mi subconsciente, ¿temo que todas esas cosas sucedan? ¿De qué tengo miedo? Muéstrame eso, Señor. Trae todos mis temores al descubierto. Identifícalos para que yo pueda convertir mis temores en oportunidades para confiar en ti.

Señor, cuando me despierte en medio de la noche con un sueño malo, dame la determinación de convertir esa pesadilla en una oración. Y al día siguiente, dame la gracia de convertir cualquier residuo de ansiedad en una paz que sobrepase todo entendimiento. Usa esa paz para guardar mi corazón y mi mente, vigilando como un centinela para asegurar que ningún pensamiento ansioso se deslice hacia mi subconsciente.

Ayúdame, Señor, por favor. Quiero pasar los dos próximos meses en anticipación a la llegada del bebé, y no en ansiedad acerca de todas las cosas que pueden salir mal. Quiero usar mi tiempo, aun los momentos de insomnio, productivamente, uniendo mis manos en oración, no retorciéndolas en preocupación . . .

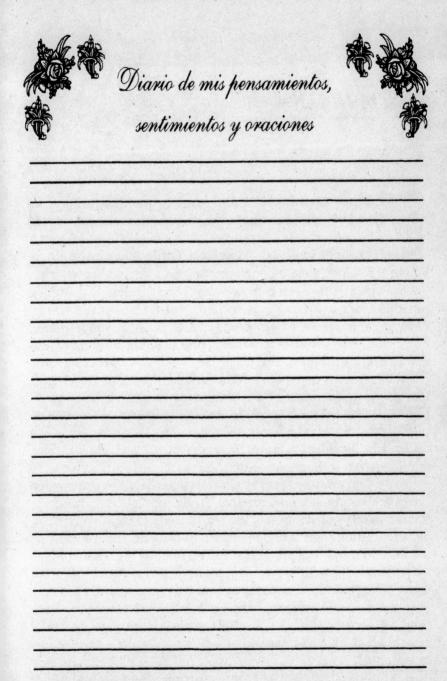

Diario de mis pensamientos,

sentimientos y oraciones

Semana 33

𝒯u bebé está pesando ahora cerca de dos kilogramos. Con la fecha tope ya tan próxima y acercándose cada vez más rápidamente, tal vez te sientas ansiosa acerca del parto. ¿Será demasiado el dolor? ¿Gritaré? ¿Perderé el control de mi vejiga y me avergonzaré? ¿Necesitaré una operación cesárea? Estos sentimientos son completamente naturales. Es también natural tener algunos ataques de depresión bastante severos. Este no es un problema emocional o espiritual; es simplemente hormonal. Durante tu ciclo menstrual normal, produces unos cuantos miligramos al día de la hormona clave progesterona. Durante el final de tu embarazo produces cerca de doscientos cincuenta miligramos al día. Mientras que la producción de progesterona se multiplica de cincuenta a sesenta veces, la producción de otra hormona importante — estrógeno — se multiplica de veinte a treinta veces. Así que no te sorprendas si olas repentinas de emoción vienen sobre ti sin avisar. Te sentirás deprimida. Llorarás sin ninguna razón. Pensarás que eres incapaz de ser una madre. Y, algunas veces, cuando la tormenta de hormonas se vuelva verdaderamente violenta, pensarás que te vas a ahogar en un mar de desesperación.

Pero al igual que muchas otras tormentas, esos sentimientos pasarán. Las nubes de depresión desaparecerán del horizonte y regresarás otra vez a tu luminosa personalidad.

Otra cosa que puede causarte preocupación son las contracciones esporádicas que has estado experimentando. ¿Son normales? ¿Hay algo anormal en el bebé? ¿Voy a dar a luz prematuramente?

Lo que probablemente estás experimentando son algunas contracciones. Estas contracciones son la manera en que el útero se calienta para el acontecimiento principal que tendrá lugar dentro de unas seis semanas aproximadamente. Pueden durar de treinta segundos a dos minutos y darte un buen susto si no estás preparada para ellas.

Comenzando en el extremo superior del útero y desplazándose hacia abajo, las contracciones te harán sentir como si los músculos se estuvieran anudando.

A pesar de lo intensas que te parezcan, estas contracciones no son lo suficientemente fuertes para dar a luz a tu bebé. Míralas como la manera en que Dios te da golpecitos en el hombro para asegurarse de que tus maletas están preparadas y para aliviar algo de la ansiedad acerca de la tarea que tienes por delante.

Será una tarea dura. Probablemente la tarea más dura que harás en toda tu vida. Pero serás capaz de hacerla. Tendrás mucha ayuda en el salón de partos y muchas personas a tu lado para apoyarte.

Como aquel a quien consuela su madre, así os consolaré.

Isaías 66:13

❦ *Amado Señor* ❦

Gracias por todos los instintos maternales que me has dado, porque cuán natural es para mí querer consolar a mi hijo. Cuando llore en medio de la noche, me despertaré e iré hacia él. Cuando esté mojado, lo cambiaré. Cuando tenga hambre, lo alimentaré. Cuando esté asustado, lo meceré en mis brazos.

Estaré pediente de él porque es mi hijo. Y porque me necesita.

En dondequiera que me necesite, cada vez que me necesite, de cualquier modo que me necesite, estaré a su lado. Estaré presente para ayudarle a bañarse y estaré en el patio para ayudarle a subir a un árbol. Le contaré un cuento a la hora de dormir cuando se acueste en la noche y le prepararé el desayuno cuando se despierte en la mañana. Estaré dispuesta a pegar un juguete roto y a secar una nariz sangrante.

Estaré pendiente porque es mi hijo. Y porque me necesita.

Yo sé, Señor, que si tengo todos esos sentimientos por mi hijo, cuánto más grandes deben ser los sentimientos que tú tienes por los tuyos. Si yo estoy dispuesta a hacer todas estas cosas para consolar a mi pequeñito, cuánto más grande debe ser tu disposición para consolar a los pequeñitos que te pertenecen a ti.

Gracias, Señor, porque has prometido estar pendiente de mí sencillamente porque soy tu hija. Y porque te necesito.

Te necesito ahora, Señor, para que te acerques en mi depresión y para que me abraces hasta que mis hormonas disminuyan . . .

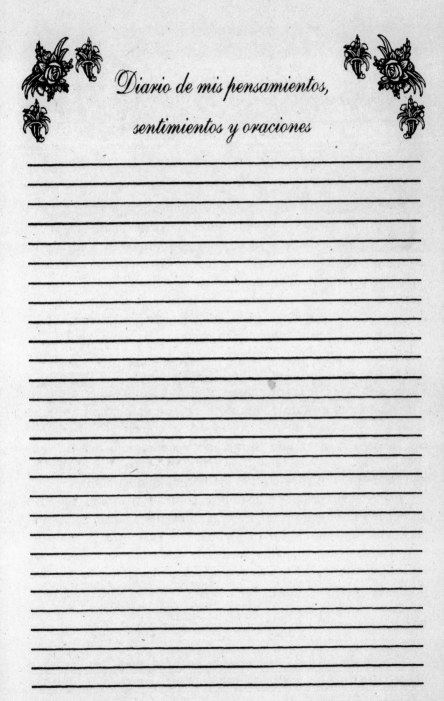

Diario de mis pensamientos,
sentimientos y oraciones

Semana 34

Tu bebé pesa ahora casi dos kilogramos y medio y tiene un poco menos de cincuenta centímetros de largo. Sus pulmones se han estado desarrollando desde alrededor del cuarto mes y, con excepción de las bolsas de aire, son ahora lo suficientemente maduros para respirar el aire fuera del vientre. Ya que el sistema respiratorio es el último en desarrollarse, un bebé que entra al mundo muy prematuramente puede adquirir una enfermedad respiratoria y tener dificultades para respirar por sí mismo. En casos como ese, oxígeno y máquinas respiratorias llamadas ventiladores pueden ser necesarias hasta que los pulmones maduren. Ahora, los pulmones están bañados en líquido amniótico en un ambiente completamente desprovisto de aire. A pesar de ese hecho, los pulmones de tu bebé han estado inhalando y exhalando por muchos meses. Ese ensayo es crucial para fortalecer los pulmones para esa primera respiración en el momento del nacimiento.

Aun con práctica, esa primera respiración será difícil para tu bebé, cinco veces más difícil que una respiración corriente. Será algo así como inflar un globo por primera vez, porque esa respiración tiene que inflar miles de diminutas bolsas de aire en los pulmones, las cuales nunca antes han sido infladas. Por eso los primeros llantos son muy importantes. Además de inflar los pulmones, ayudan a limpiar la mucosidad de las bolsas de aire y de los conductos bronquiales para que pueda entrar más aire.

Gradualmente, la respiración se hará más fácil para tu bebé, pero durante los primeros días será un poco vacilante e irregular.

La oración debería ser tan natural como la respiración
y tan necesaria como el oxígeno.

Edith Schaeffer

❦ *Amado Señor* ❦

He estado orando por esta bebé por un largo tiempo. Al pensar en sus pulmones en desarrollo, me recuerdo de lo natural y necesaria que debe ser la oración en mi vida.

Señor, dame esa clase de naturalidad cuando oro, como es natural el inhalar y exhalar el aire. Dame esa clase de urgencia para que pueda entender cuán desesperadamente la necesito para sustentar mi vida espiritual.

Cada vez que entre de puntillas en el cuarto de la bebé y la contemple durmiendo, su pequeño pecho moviéndose hacia arriba y hacia abajo sin ningún esfuerzo, haz que dulcemente me recuerde las muchas veces que he orado por ella.

Recuérdame también que mi pequeña hijita siempre necesitará las oraciones de su madre. Oraciones que la ayuden a entender la muerte de un animalito doméstico . . . o de un abuelo. Oraciones que la ayuden a llevarse bien con un compañero de juegos . . . o a sobrevivir al primer día de escuela. Oraciones para enmendar un error . . . o sanar un corazón quebrantado.

Ayúdame a darme cuenta, Señor, de que sólo he comenzado a orar. Toda una vida se extiende delante de ella. Yo sé que no siempre podré ir con ella, no siempre estaré a su lado para tomar su mano o señalarle el camino o levantarla cuando caiga. Pero consuélame con el hecho de que aunque no siempre pueda ir con ella, mis oraciones la acompañarán . . .

Diario de mis pensamientos, sentimientos y oraciones

Semana 35

E l fruto de tu vientre madura dentro de ti sólo debido a la vid a la cual está conectado: el cordón umbilical. Este cordón conecta al bebé con la placenta que está arraigada en tu útero. Este cordón de color lechoso está hecho de tres vasos sanguíneos entretejidos. Dos arterias más pequeñas llevan la sangre utilizada por el bebé a la placenta; la vena más grande trae sangre enriquecida con nutrientes y oxígeno al bebé. Estos vasos sanguíneos están plantados en una sustancia gelatinosa conocida como jalea de Wharton y encerrados en una membrana como la piel de un embutido que los mantiene a todos unidos.

El corazón de tu bebé late dos veces más aprisa que el tuyo, bombeando sangre a través de esos vasos a una velocidad de alrededor de seis kilómetros por hora, haciendo un viaje completo a través del bebé en sólo treinta segundos. Este constante fluir de la sangre mantiene el cordón dilatado y, junto con la jalea de Wharton, impide que se anude o se enrede. Si no fuera por la manera en que el cordón umbilical fue diseñado, la provisión de sangre fácilmente pudiera ser restringida o interrumpida completamente cuando el cordón se tuerce.

Una vez dentro del cuerpo, la sangre se dirige al corazón fetal donde es bombeada al cerebro y al resto del cuerpo. Como los pulmones todavía no se han expandido y no pueden recibir oxígeno, no son tomados en cuenta. Pero en el momento del nacimiento un pequeño milagro ocurre con esos pulmones, sin los cuales tu bebé no podría sobrevivir el cambio de ambiente abrupto y radical. En el nacimiento, los vasos sanguíneos alrededor del ombligo del bebé se sellan automáticamente, deteniendo el flujo de la sangre del cordón umbilical. Simultáneamente, la abertura entre las aurículas se cierra, desviando la sangre hacia los pulmones, que antes no se habían tomado en consideración y que inmediatamente asumirán el trabajo de la oxigenación.

Las raíces de la placenta, la vid del cordón umbilical y el fruto de tu vientre están todos creciendo en la bien regada viña de tu útero. Todos juntos ilustran cuán imprescindible es el vínculo que une al bebé con la madre.

Yo soy la vid, vosotros los pámpanos;
el que permanece en mí, y yo en él,
éste lleva mucho fruto;
porque separados de mí nada podéis hacer.

Juan 15:5

🖤 *Amado Señor* 🖤

Cuán esencial es esta delicada vid que nos une a los dos, el bebé a mí y yo a él. Te doy gracias por la manera en que lo alimenta, lo limpia y lo mantiene saludable y creciendo, porque sin ella se marchitaría y moriría.

Te doy gracias por la ilustración de dependencia que el cordón umbilical representa. Cuán esencial es mi comunión contigo, Señor. Me alimenta, me limpia, me mantiene saludable y creciendo.

Ayúdame a darme cuenta de que separada de ti nada puedo hacer. Aparte de tu vida fluyendo a través de la mía, lo mejor que puedo hacer es producir fruto artificial. Puede parecer bueno, pero no alimenta y no permanece, y no tiene las semillas para reproducirse. Y con un mundo hambriento de realidad espiritual, ¿qué beneficio tiene? Sólo la apariencia.

Quiero que la relación de mi hijo contigo sea vital. Ayúdale a crecer confiando en que tú eres el cordón umbilical de su vida espiritual. Extrayendo de ti su alimento. Entregándote su vida para que la limpies. Creciendo. Floreciendo. Y en la debida estación, llevando su propio fruto . . .

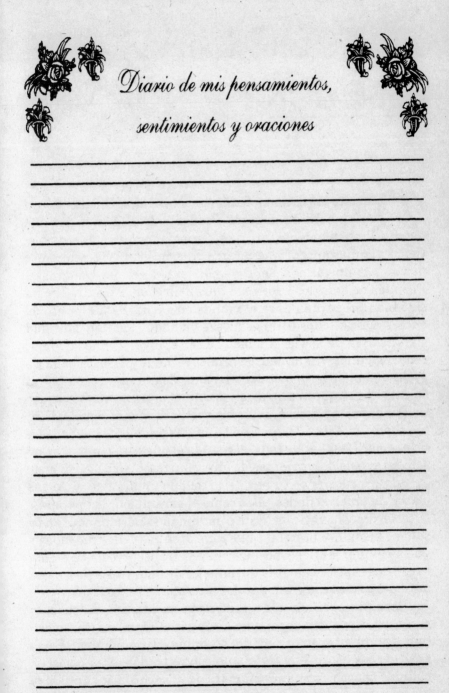

Diario de mis pensamientos,

sentimientos y oraciones

Semana 36

Durante las últimas cuatro o cinco semanas del embarazo, tu bebé aumentará alrededor de una onza por día. Probablemente tú, y es perfectamente comprensible, tienes algunas aprensiones acerca de cómo le irá a tu pequeñita al venir a un mundo lleno de corrientes de aire peligrosas. Después de todo, los bebés son muy delicados. Pero tu bebé ha sido bien preparada para el mundo en el cual está a punto de entrar. Durante los últimos meses ha adquirido una cantidad significativa de grasa. Además de ser el lugar donde se almacenan algunas vitaminas esenciales como A y D, esta capa de grasa también sirve de colcha termal. Esa es una razón por la cual los bebés prematuros se mantienen en incubadoras; no tienen suficiente grasa en su cuerpo para mantenerse calientes. Pero ¿qué decir acerca de la amenaza de enfermedades y dolencias? Después de todo, el mundo al que está por entrar no sólo está lleno de corrientes de aire, sino también de gérmenes.

Al pasar los años tú has desarrollado inmunidad a ciertas clases de enfermedades tales como el sarampión, las paperas, la tosferina y la varicela. Esta inmunidad es permanente en tu sangre mediante proteínas que combaten esas enfermedades y que se llaman anticuerpos. Durante el transcurso de tu embarazo, más específicamente durante los últimos tres meses, esos anticuerpos fueron transmitidos a tu hija.

Para proteger aún más a tu recién nacida, los anticuerpos serán transmitidos por medio de tu leche materna, junto con una abundante provisión de vitaminas y minerales. Estos anticuerpos están especialmente concentrados en el calostro, el fluido acuoso que tu bebé tomará de tu pecho hasta que salga la leche, uno o dos días después del parto.

Ya tu cuerpo se está preparando para esa ocasión. Tus propios huesos se han ablandado y los ligamentos en tu espalda se han aflojado para que la travesía sea más fácil para tu bebé. El cuello del útero también ha comenzado a ablandarse y a adelgazar, y cuando el tapón de mucosidad sale, sabrás que la cuenta regresiva hacia el parto ha comenzado.

Miren que no menospreciéis a uno de esos pequeños;
porque os digo que sus ángeles en los cielos
ven siempre el rostro de mi Padre que está en los cielos.

Mateo 18:10-11

🍒 Amado Señor 🍒

Te doy gracias por las provisiones que has hecho para asegurar que mi bebé esté segura y tibia cuando llegue a este mundo. Te doy gracias por la capa de grasa que la cubre, y por los anticuerpos que la protegen.

Te doy gracias por los huesos que se ablandarán, los ligamentos que se aflojarán y el cuello del útero que se dilatará para ayudarla a soportar la difícil travesía del nacimiento.

Has tenido muy buen cuidado de ella, Señor. Y sé que después que nazca, continuarás protegiéndola y ayudándola mientras viaja a lo largo del camino del crecimiento.

Gracias por el ángel que tú has provisto para vigilarla durante su viaje. Y gracias porque no es un ángel insignificante, sino un ángel que tiene acceso constante a ti, que está parado frente a ti y que habla contigo.

Díle a ese ángel cuán honrada me siento de tenerlo vigilando a mi niña. Dale las gracias por mí, Señor. Dale las gracias por estar junto a ella cuando yo no esté a su lado. Por ser diligente cuando yo no pueda. Por ser fuerte a favor de alguien tan débil. Por ser una fuerza para el bien en un mundo que yace en el poder del maligno. Por todo lo que hará que yo nunca sabré, dale gracias de mi parte. Dale gracias desde lo profundo del corazón de una madre . . .

Diario de mis pensamientos, sentimientos y oraciones

Semana 37

Tu bebé pesa ahora más de dos kilogramos y medio y tiene cincuenta y dos centímetros de estatura. Probablemente te estás sintiendo como si te hubieras tragado todo un pavo y no tienes espacio ni siquiera para un pedazo de pastel. Afortunadamente, el alivio está ya muy próximo. La mayoría de las mujeres reciben un poco de alivio cuando el bebé desciende o "cae" hacia el área de la pelvis. Esto a menudo inclina tu vientre un poco hacia adelante y baja el útero un centímetro. La buena noticia es que tendrás espacio para ese pedazo de pastel y una abundante crema batida. La mala noticia es que tendrás que usar el baño más a menudo porque el traslado de peso pone más presión en tu vejiga.

Una vez que tu bebé ha descendido, la cabeza se coloca a sí misma en el canal del nacimiento, el borde superior de la pelvis. Esto restringirá los movimientos de tu bebé considerablemente, aunque lo podrás sentir girando la cabeza.

La incomodidad que has sentido hasta ahora en tu embarazo cambiará a medida que el peso se desplaza. En algunos casos, se aliviará; en otros, empeorará. Por ejemplo, podrás respirar con más facilidad, pero probablemente experimentarás dolores agudos y repentinos en tu pelvis que no has sentido antes.

Como una flecha colocada en posición en un arco, tu bebé está ahora encajado y listo para ser lanzado al mundo.

Tú eres el arco del cual tus hijos
como flechas vivientes son lanzados.
El arquero ve la marca en la senda del infinito,
y te dobla con su poder
para que sus flechas vayan rápidas y lejos.

Que al doblarte sus manos puedas sentir alegría.
Porque aunque ama la flecha que vuela,
también ama al arco que no se mueve.

Kahlil Gibran

🍎 Amado Señor 🍎

Gracias por ésta, mi pequeña flecha, que ahora está en posición de ser lanzada hacia el mundo. Ayúdame a poner mi vista en el blanco correcto, dirigiendo a mi bebé de tal manera que pueda hacer una huella en la eternidad. Que pueda viajar recto y verdadero, rápido y lejos. Y por aquellos momentos en que se desvíe del curso o no dé en el blanco de tu gloria, por favor, perdónalo.

Gracias, Señor, que tú no sólo amas la flecha que vuela sino también el arco que no se mueve. Ayúdame a ser firme en mi objetivo. Ayúdame a ser firme y, sin embargo, flexible, dándome cuenta de que la fuerza del arco estriba no en su rigidez, sino en su habilidad para doblarse.

Guárdame de quebrarme, Señor, porque a menudo soy propensa a poner mi vista demasiado alto y halar el arco muy duramente.

Permite que el doblarme sea con alegría, tanto en el alumbramiento como en la crianza de mi hijo. Permite que me deleite en el lanzamiento de este pequeñito al mundo. Y que me deleite en todos los lanzamientos que seguirán: enviándolo al primer día de escuela, a la universidad, y al matrimonio para hacer su propia vida.

Cuando esos momentos lleguen, dame la fortaleza no sólo para doblar el arco, sino también la fortaleza para soltar la flecha, porque esa será la parte más difícil de todas . . .

Diario de mis pensamientos, sentimientos y oraciones

Semana 38

Tu bebé pesa alrededor de tres kilogramos y el crecimiento casi se ha detenido del todo, así que, con excepción de sus pulmones, tu bebé no cambiará mucho. Pero, cómo te ha cambiado a ti este bebé. Durante el embarazo, el volumen de sangre que circula dentro de ti ha aumentado en un cuarenta y cinco por ciento para suplir las demandas adicionales que el útero requiere. Como hay más sangre, eso significa que tu corazón tiene que trabajar más fuerte para bombearla. Se agranda para satisfacer la demanda y aumenta el ritmo de sus pulsaciones de diez a quince por minuto. Esa es la razón por la cual tu piel está más caliente, más rosada, y sudas más. Mientras más sangre hay, más oxígeno necesitas y más residuos necesitas desechar, lo que significa más trabajo para los pulmones y los riñones. Lo cual ayuda a explicar por qué has tenido que ir muchas veces al baño y por qué has estado tan cansada. Junto con esos cambios, vienen cambios en la piel. Tu piel puede haberse oscurecido un poco y la pigmentación alrededor de los pezones y las areolas se ha oscurecido también. Una línea vertical oscura llamada *línea nigra* se formó en el medio de tu abdomen. A menudo, también, la piel desarrolla estrías.

Casi seguro has perdido una gran cantidad de cabello, y el que te queda, probablemente se ha vuelto grasoso debido a los altos niveles de progesterona en la sangre, la cual estimula las glándulas de grasa en tu cuero cabelludo. Tus encías se han vuelto más suaves y tus dientes, más susceptibles a las caries.

Además de todos los cambios físicos, hay cambios en tus emociones por el torrente de hormonas que circula. Esa ola de hormonas causa un flujo y reflujo de tus emociones, resultando en ansiedad, problemas de autoestima, y ríos inexplicables de lágrimas. Pero recuperarás tu cabello a su tiempo. La línea nigra palidecerá y finalmente desaparecerá. Tus hormonas volverán a los niveles normales y probablemente los antiguos vestidos te servirán otra vez. Pero una cosa nunca volverá a ser como era antes: Tú.

Ahora miras al mundo de una manera diferente. Ves la vida de modo diferente y te ves a ti misma diferente.

Tu bebé te ha cambiado — para siempre — y, por la gracia de Dios, continuará haciéndolo durante toda tu vida.

— ¿Qué es ser REAL? — preguntó un día el conejo —. ¿Significa tener cosas que zumban dentro de ti y un mango que sobresale?

— Ser real no quiere decir cómo estás hecho — dijo el caballo de piel — Es algo que te sucede a ti. Cuando un niño te ama durante un largo, largo tiempo, no sólo para jugar contigo, sino que REALMENTE te ama, entonces te vuelves Real.

— ¿Te lastima?

— Algunas veces — dijo, porque él siempre era veraz —. Cuando eres Real no te importa ser lastimado.

— ¿Sucede todo de una vez, como cuando te dan cuerda, o poco a poco?

— No sucede de una vez Tú llegas a ser. Lleva mucho tiempo. Pero eso no les sucede a las personas que se rompen fácilmente, o que son demasiado susceptibles y hay que tratar con extremo cuidado. Generalmente, para el tiempo que llegas a ser Real la mayor parte del pelo se te ha caído, tus ojos se te han salido, las coyunturas se te han aflojado, y estás todo raído.

Margery Williams, en *The Velveteen Rabbit*
[El conejo de terciopelo]

🌷 *Amado Señor* 🌷

Ayúdame a recordar la historia del nacimiento de mi hijita, junto con todos los pensamientos y sentimientos que he tenido y todas las oraciones que he hecho por ella durante este embarazo. Ayúdame a recordar todos esos pequeños detalles que hacen que la historia sea muy especial a los oídos de una ansiosa criatura de dos años.

Te doy gracias porque después que esta bebé nazca mi cuerpo volverá a la normalidad. Gracias porque podré volver a tener mi talla al igual que mi cordura. Estoy ansiosa de poder subir una escalera sin agotarme, o participar de una gran comida sin tener acidez, o dormir boca abajo otra vez.

Pero estoy contenta de que algunas cosas no serán como eran antes. Como yo.

Nunca seré la misma. Y pienso que esto es bueno.

Sigue enviando cambios, Señor. Líbrame de ser una madre que se quebranta fácilmente o que es demasiado suceptible y a quien hay que tratar con extremo cuidado. Ayúdame a ser suave y que se me pueda abrazar y que no me preocupe tanto porque se me ensucien las manos o porque el pelo se me llene de masa.

Ayúdame a darme cuenta de que si voy a llegar a convertirme en un ser humano real — sensible, humanitario y bondadoso — será debido, en gran parte, al amor incansable de una niña.

Yo sé que ella me amará cuando haya galleticas y leche y el regazo de una madre que le lee cuentos. Ayúdala a amarme cuando ya sea muy grande para sentarse en mi regazo o yo esté muy ciega para poder leerle cuentos. Porque algún día estaré vieja, raída y mis coyunturas estarán flojas. Y entonces necesitaré su amor más que nunca . . .

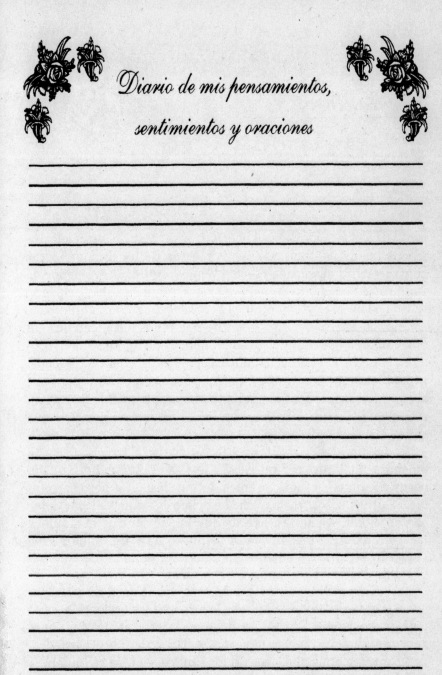

Diario de mis pensamientos, sentimientos y oraciones

Semana 39

*E*l trabajo del parto puede durar desde una hora hasta muchas horas. El promedio es alrededor de ocho, a menos que sea tu primer bebé, en cuyo caso el promedio es alrededor de catorce. Sabrás que estás de parto cuando tus contracciones sean más fuertes y más seguidas. Alrededor de un quince por ciento de las mujeres son notificadas temprano que el bebé está en camino. La noticia llega cuando el saco amniótico se rompe, algo a lo que nos referimos como que "la bolsa de agua se rompió". Tal vez sientas un violento chorro de agua caliente si estás acostada. Si estás parada cuando sucede, probablemente sentirás un goteo, porque la cabeza del bebé actúa como un corcho para sellar la mayor parte de la filtración. Aunque la ciencia no está exactamente segura de qué es lo que inicia el trabajo de parto, tal vez suceda a consecuencia de la falta de espacio en el útero y la capacidad decreciente de la placenta para proveer nutrición. Esta señal de peligro puede accionar una sustancia química del cerebro fetal para estimular al útero a contraerse. En la primera etapa del parto las contracciones serán tan ligeras que puede ser que ni siquiera las percibas. Para el fin de la primera fase, sin embargo, se volverán significativamente más fuertes, momento en el cual el cuello del útero comenzará a dilatarse.

En el hospital, el cuello del útero continuará dilatándose hasta siete centímetros durante la próxima fase, conocida como trabajo de parto. Durante ese tiempo tus contracciones y el ritmo del corazón de tu bebé serán cuidadosamente observados. Las contracciones ahora serán más fuertes y más seguidas.

Comenzando como un apagado zumbido en una línea de ferrocarril alrededor de tu útero, las contracciones parecerán como el tronar distante de coches del ferrocarril acercándose cada vez más hasta que, de repente, la contracción estará sobre ti. El suelo temblará mientras van pasando con estruendo y captará toda tu atención. Entonces, tan rápido como vinieron, se irán zumbando por los carriles y desaparecerá.

Con cada contracción, los músculos en el extremo superior del útero ejercerán veintidós kilogramos de presión, comprimiendo la placenta y el cordón umbilical, lo cual reduce muy brevemente la provisión de oxígeno a tu bebé. Durante una contracción fuerte, el pulso de tu bebé será más lento, pero cuando la contracción disminuya, volverá a la normalidad.

Tan dolorosas como son, estas contracciones son simplemente el calentamiento para la más difícil transición y la fase de pujar durante tu trabajo de parto. En esa fase, cada contracción requerirá más concentración y fuerza, mientras trabajas con tu útero empujando tu bebé a través del canal de nacimiento.

Es natural tener miedo durante el parto, especialmente si es la primera vez o si has tenido una mala experiencia con un parto en el pasado. Muchas mujeres prefieren tener un anestésico para disminuir el dolor de parto y habrá un anestesista cerca en caso de que lo necesites.

Así que recuerda, toda la ayuda que necesites para atravesar por tu parto estará disponible para ti, tanto humana como divina.

No temas, porque yo estoy contigo; no desmayes,
porque yo soy tu Dios que te esfuerzo;
siempre te ayudaré, siempre te sustentaré
con la diestra de mi justicia.

Isaías 41:10

❧ *Amado Señor* ❧

Por favor, sé conmigo en el parto. Tengo miedo por lo doloroso que será, tengo miedo de no ser suficientemente fuerte, que algo pueda salir mal. Toma mi mano, Señor, y ayúdame a pasar esto.

Sé también con mi bebé. Será un viaje difícil para él también. Gracias por todas las provisiones que tú has hecho para asegurar que reciba el oxígeno que necesita para este viaje. Guárdalo con seguridad y de sentir demasiado temor.

Sé con mi esposo, Señor. Será difícil para él también. Una dificultad diferente. Más de clase emocional. Que la experiencia de este nacimiento nos acerque más el uno al otro y nos una como pareja, como familia.

Que sea una experiencia santa para él como lo será para mí. Él no ha sentido todas las cosas que yo he sentido al llevar este bebé dentro de mí durante los últimos nueve meses. Y él no ha podido penetrar en todas las cosas maravillosas que yo he experimentado. Abre la cortina, Señor, en esta experiencia santísima y permítele ver parte de la gloria.

Dame las fuerzas que necesito para la tarea que está delante de mí. Te pido por mi médico y por las enfermeras que me asistirán en el parto, sé con ellos también, porque en un sentido muy real, estarán de parto conmigo . . .

Diario de mis pensamientos, sentimientos y oraciones

Semana 40

uando el cuello del útero se ha dilatado por completo, las contracciones serán las más fuertes que has tenido, haciendo avanzar lentamente a tu bebé a través del canal del nacimiento. Con cada contracción alternarás el jadear con el pujar con fuerza. Tu cabello recogerá las gotas de sudor que se acumulan en tu cuero cabelludo. Tu boca estará reseca, y querrás un pedazo de hielo para sorber. Después de cada contracción tratarás de recuperar tu respiración, pero casi tan pronto como la última ola de dolor se disipe, otra se levantará y vendrá sobre ti. Finalmente, con un puje extremadamente doloroso, se asomará la cabeza del bebé. La presión combinada de las contracciones y tu pujar, ahora ejercerá cerca de cuarenta y cinco kilogramos de presión sobre tu bebé. Si esto no es suficiente para que su cabeza salga a través de la abertura vaginal, el médico ejecutará una *episiotomía*, una incisión en la parte inferior de la abertura, que evita que la cabeza del bebé rasgue desigualmente tu piel. Cuando la cabeza resbalosa de tu bebé al fin salga de golpe, será un momento de triunfo . . . y de alivio. La cabeza estará arrugada y desfigurada a causa del estrecho túnel a través del cual ha sido empujada. Con uno o dos empujones más, los hombros de tu bebé saldrán. Después, con un empujón final, ella se deslizará dentro del mundo, veteada en rosado y gris, y pareciendo que ha sido untada con grasa.

Cuando tu bebé dé el primer llanto, el médico procederá a extraer el líquido que obstrucciona su boca, las ventanas de su nariz y sus oídos. Tan pronto como respire por primera vez, la piel comenzará a lucir más saludable. Tan repentino como un sonrojo, los azules y grises se tornarán rosados. Si tú eres de piel oscura, puede tomar varios días, aun semanas, para que el pigmento salga a la superficie de la piel del bebé.

Las enfermeras limpiarán al bebé, tomarán su temperatura, pondrán líquido antibiótico en sus ojos, y aplicarán una solución antiséptica en el lugar donde se cortó el cordón umbilical. Después le pondrán un brazalete de identificación alrededor del pie y de la mano, y tomarán la huella de su pie.

Estas sensaciones serán extrañas, nuevas y aterradoras para tu bebé. Ya ella ha tenido que soportar la experiencia desorientadora de ser lanzada fuera de tu vientre. Ahora está rodeada de luces brillantes, una discordancia repentina de sonidos y toda clase de sensaciones extrañas rozan su cuerpo.

Su llanto impotente y sus temblorosos labios clamarán por ti. Cuando tú respondas, será el primer sonido familiar que tu bebé oirá. Cuando sea colocada en tu pecho y sienta la tibieza de tu piel y los ritmos familiares de tu corazón, instintivamente te reconocerá: la madre que durante todos esos meses ha estado esperando conocer.

La mujer cuando da a luz, tiene dolor, porque ha llegado su hora; pero después que ha dado a luz un niño, ya no se acuerda de la angustia, por el gozo de que haya nacido un hombre en el mundo.

Juan 16:21

❦ *Amado Señor* ❦

Ahora estoy lista, lista para ir al hospital a tener este bebé. Sé que será difícil, pero estoy lista para eso también. Porque sé que tú estarás allí conmigo. Sosteniendo mi mano. Ayudándome a pujar para traer a este bebé al mundo.

Cuando mi bebé nazca, Señor, quiero que sepas que lo dedico a ti.

Te doy gracias por la manera en que me has preparado para el nacimiento de esta criatura. Gracias por toda la instrucción que he recibido del médico. Por todo el aliento que he recibido de mi familia. Por todos los consejos que he recibido de mis amigos. Y gracias por todas las formas extraordinarias en que mi cuerpo se ha preparado para este momento.

Sé que habrá dolor. Pero también habrá alegría. Y la alegría será más grande que el dolor.

Ayúdame a través del parto, Señor, especialmente a través del dolor de la transición.

Te doy gracias por permitirme ser la madre de este milagro, este milagro de la vida que ha estado madurando dentro de mí durante los pasados nueve meses. Gracias por darme mucho tiempo para prepararme para este día. Creo que yo lo necesitaba tanto como mi bebé.

Mi bebé está listo ahora, Señor.

Y yo también estoy lista . . .

Una carta dándole la bienvenida a mi bebé al mundo.

Tu Bebé

_____

Nombre

_____

Fecha de nacimiento

_____

Médico

_____

¿Cuánto midió?

_____

¿Cuánto pesó?

Fotografía

Somos todo para ti
cuando tu papi cortó el cordón fue solamente
el comienzo de la dependencia
porque de nuestros corazones tú tomarás todo lo que necesites
y lo mejor que podemos darte es a Jesucristo
lo mejor que podemos mostrarte es su amor
para que un día todo lo que tú necesites venga de su corazón
y Él sea todo para ti

Julie Martin

Nos agradaría recibir noticias suyas.
Por favor, envíe sus comentarios sobre este libro
a la dirección que aparece a continuación.
Muchas gracias.

ZONDERVAN

Editorial Vida
7500 NW 25 Street, Suite 239
Miami, Florida 33122

Vidapub.sales@zondervan.com
http://www.editorialvida.com